과학고 수석
상웅이네 공부법

윤세훈 · 강현주 지음

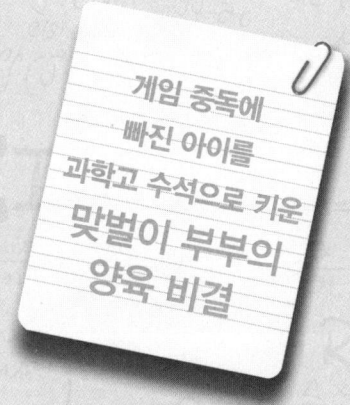

게임 중독에
빠진 아이를
과학고 수석으로 키운
**맞벌이 부부의
양육 비결**

팝콘
북스

프롤로그
과속 스캔들 가족이 되던 날

2월의 차가운 공기조차 신선하게 느껴지는 아침이었다. 야트막한 언덕에 위치한 경기과학고등학교의 교정은 꽃샘추위가 무색할 정도로 사람들의 열기로 뜨거워져 있었다. 우리 가족 역시 그 열기에 보태며 오랜만에 편안하고 느긋한 마음으로 체육관에 자리를 잡았다. 속속 도착하는 졸업생들의 모습을 지켜보니 감개가 무량했다. 힘들면서도 보람 있었을 학창시절을 마치고 또 다른 꿈을 향해 힘찬 발걸음을 떼려는 아이들은 모두가 내 딸이요 아들이었다. 모두들 과학고가 추구하는 도전인, 창조인, 글로벌 소양인으로 재무장된 미래의 일꾼이란 생각에 미치자 오늘의 주인공인 상웅이에 대한 고마운 마음이 새삼 밀려왔다.

2년 만에 고교 과정을 마치고 어엿한 대학생이 된 상웅이. 입시라는 제도 아래에서 부모는 속속들이 이해하지 못할 팽팽함을 홀로 느꼈을 아이는 자신이 원하는 꿈을 향해 힘찬 첫걸음 떼기에 성공했다는 것만으로도 대견하다는 생각이 들었다.

만감이 교차하고 있을 즈음, 졸업생과 가족으로 그득해진 체육관에서 졸업식이 시작되었다. 졸업생 대부분이 서울대, 연세대, 고려대 같은 종합대학이나 과학고등학교의 연장선에 있는 카이스트에 진학이 확정된 뒤였기에 졸업식 내내 여유 있는 분위기가 연출되었다.

졸업생을 위한 시상을 시작하면서 낯익은 이름이 들려왔다.

"경기도지사상, 2학년 윤상웅!"

"와아!"

수석졸업생에게 주어지는 경기도지사상에 상웅이의 이름이 불렸다. 우리 가족 모두 어안이 벙벙한 상태로 있는데, 앞에 앉아 있던 상웅이는 아무 일도 아니라는 듯 상을 받으러 나가고 있었다.

'이런 녀석, 아침에 유난히 반응이 시큰둥하더라니.'

분명히 본인은 알고 있었을 텐데 아침나절 엄마가 상이라도 받는지 넌지시 물어보았을 때 모른 척했던 것이다. 서프라이즈 파티 치곤 꽤 성공한 셈이다.

졸업식이 끝난 뒤 우리 가족은 모두 축제를 즐겼다. 우리는 다른 학부모들로부터 축하 인사를 받느라 정신이 없었고 함께 졸업식에 참석하신 고령의 아버님 역시 힘든 기색 없이 싱글벙글거리기만 하셨다. 아마 우리 가족에게 있어 생애 최고의 날이었을 것이다. 하지만 가장 기쁜 주인공은 상웅이일 것이다. 공부라면 어디에도 뒤지지 않을 영재들이 모여 24시간 공부만 한다는 과학고등학교에서 수석졸업이란 최상의 결과를 냈으니 그럴 만도 할 것이다. 가족들로서는 스스로 최고에 도전하여 성취를 이끌어 낸 아이에게 박수를 보낼 뿐이다.

상웅이는 얼마 뒤 서울대 화학생물공학부 학생이 되어 열심히 캠퍼스를 누비고 다녔다. 그런데 평범한 학생으로 생활하기도 전에 특별한 경험부터 하게 되었다. '과속 스캔들'의 주인공이 되었기 때문이다. 혹시 아이의 사생활에 대해 의심의 눈초리를 보낼지도 모르겠으나, '과속 스캔들'은 바로 상웅이의 삶과 진학에 얽힌 강연 제목이다.

새내기 대학생이 된 후 얼마 되지 않았을 때, 상웅이는 과학고를 수석졸업한 25기 동기생과 공동저자가 되어 『과학고 공부벌레들』이란 책을 내게 되었다. 현재 카이스트와 서울대에 재학 중인 동기생들이 과학고에 관한 이야기를 털어놓은 것으로, 과학고의 생활과 졸업이 미래에 어떤 도움이 되는지, 많은 사람들이 과학고에 관해 궁금해 하는 것과 공부 노하우 등을 써 놓았다. 상웅이는 어엿한 저자가 되었고 저자 강연회에 강사로도 나서게 되었다. 그때 주최 측에서 붙인 강연 제목이 '과속 스캔들'이었다.

강연자가 된 상웅이 역시 그 제목이 재미있는 듯, 강연회를 찾아 빽빽하게 모여든 후배들과 학부모들 앞에서 자신의 지난 이야기를 흥미롭게 풀었다.

"제가 바로 과속 스캔들의 주인공입니다. (웃음) 저는 다른 동기들처럼 초등학교 때부터 영재교육원을 다녔던 것도 아니고 중학교 시절 놀라운 성적을 낸 것도 아닙니다. 오히려 초등학교 내내 게임에 푹 빠져 살았던 게임광이었고 중학교에 가서도 게임 동아리를 만들 만큼 게임에 열중한 아이였죠."

이렇게 말문을 열자 청중들이 유난히 관심을 보였다. 보통 그런 자리에 서는 사람이라면 뭔가 특별한 길을 걸었거나 태생적으로 다를 것이라는 선입견을 뛰어넘는 지극히 평범한 학생이라는 사실 때문인지도 모르겠다. 상웅이는 계속 말을 이어갔다.

"조금 다른 점이 있다면 목적 없이 게임에만 빠져 살았던 것은 아니었고 그저 다양한 관심사를 좇아 다녔단 점입니다. 부모님께서는 어릴 때부터 제가 좋아하는 것에 대해 늘 존중해 주셨고 저 스스로 생각하고 연구할 수 있도록 분위기를 만드셨어요. 그래서 남들보다 더 열심히 게임에 심취할 수 있었죠.

그러다가 우연히 과학고에 다녔던 친척 누나의 졸업식에 참석하게 되면서 저도 과학고에 가고 싶다는 생각을 했어요. 그러자 '아하, 공부 좀 해야겠다.'는 결심을 하면서 중3부터 1년간 집중적으로 준비한 뒤에 과학고에 들어가게 되었습니다. 저는 아무런 입상 경력도 없었고 겨우 과학고 구술 면접을 통해 합격한 셈이에요. 뒤늦게 준비해서 들어간 과학고라서 제게 더 큰 자극이 되었고, 배움과 공부, 제 꿈에 대한 확실한 목표가 있었기에 열심히 공부했고, 2년 만에 조기졸업을 할 수 있게 되었습니다. 이렇게 되기까지 부모님의 자유로운 교육 방침과 훌륭하신 선생님, 좋은 친구들이 있었기에 가능했다고 생각합니다. 이제라도 공부를 시작하고 싶은 분들은 늦었다고 생각할 때가 가장 빠른 것이니 절대 포기하지 말고 노력하세요. 저를 보시면 아시잖습니까. 과속 스캔들, 늦었다고 생각했을 때 목적을 가지고 공부하다 보니 남들보다 두 배, 세 배 더 가속도가 붙고 원하는 꿈을 이룰 수 있었습니다."

참석자들의 박수가 계속 되었고 듣고 있던 교육 관계자들 역시 다소 놀라는 눈치였다. 그날 이후 상웅이는 유명세를 톡톡히 치렀고, 덕분에 과학고 수석졸업생 아들을 양육한 노하우를 우리 부부에게 물어 오는 분들도 많아졌다.

이제 우리 부부가 조심스럽게 저자로 섰다. 상웅이가 자신의 학습 비결과 꿈에 대해 글을 썼다면 우리는 상웅이를 양육하면서 나름대로 지키려고 노력했던 양육관에 대해 말하고자 한다. 그렇다고 아주 특별하거나 대단한 것은 아니다. 어떻게 보면 모든 부모가 알고 있는 평범한 진리일 수도 있고 싱거울 수도 있다.

그러나 부모의 생각이 바뀌면 부모의 인생도 자녀의 인생도 달라질 수 있다는 경험을 했기에 우리 가족의 이야기를 해보려 한다.

우리는 대학교에서 만나 결혼한 평범한 맞벌이 부부이다. 우리뿐만 아니라 주변을 보아도 요즘은 맞벌이 부부가 대세인 듯하다. 모든 부모가 그러하지만, 맞벌이 부부는 대부분 아이를 위해 열심히 일하느라 집에서 보내는 시간이 거의 없다. 아이를 잘 키우고 싶지만 절대적으로 시간이 부족한 사람들이다. 우리도 그런 현실적인 벽에 부딪혔고, 이 문제를 극복하기 위해 수많은 시행착오를 겪었다. 일을 마치고 돌아와 아이를 볼 수 있는 짧은 시간 동안 효율적으로 돌보기 위해 많은 책을 읽고, 고민하고, 서로 대화했다. 그 계획대로 상웅이를 키웠고 상웅이는 우리의 노력을 알기라도 하듯 쑥쑥 잘 커 주었다.

물론 그 사이 어려움이나 돌발 상황(?)은 많았다. 어린 상웅이를 혼자 두어서인지 아이는 게임에 빠졌고, 아이를 돌보는 외할머니에게 내색하지 않으려 했지만, 우리 부부 또한 걱정이 태산 같기는 마찬가지였다. 아이가 잘못될까 봐, 정말 아무 꿈도 없이 커 버릴까 봐 걱정이 되었고 일을 하는 부모 때문에 아이가 이렇게 게임에만 집착하는 것은 아닌가 마음이 무거운 것도 사실이었다.

그러나 그럴수록 우리 부부는 아이와 계속 대화하고 아이가 좋아하는 주제에 대해 같이 공감하기를 멈추지 않았다. 좋아하는 일을 하면서 생긴 열정과 의욕은 그 분야에서 성공을 부르고, 성공을 경험한 아이는 다른 분야에서도 성공을 하게 된다. 그 성공의 열쇠는 집중력인데, 이것이 우리가 이야기하는 양육 비결의 핵심이다.

지금 우리나라는 새로운 21세기형 인재에 목말라 있다. 에너지가 넘치는 국민, 잠재력과 열정이 넘치는 민족이면서 고통과 방황 속에서 지낸 민족, 이런 우리나라에 이제는 숨어 있는 에너지를 발산하여 통합적으로 힘을 결집시킬 수 있는 리더가 필요하다. 한 명의 인재가 1만 명을 먹여 살리는 시대라고 말한다. 그만큼 인재 한 명이 가진 능력이 어마

어마하다는 의미로, 우리가 그런 인재를 10만 명 양성해 내면 10억 명을 먹여 살리는 결과가 가능하다. 이런 식으로 나간다면 중국이나 일본과 비교해도 위축될 일이 없을 것이며 나아가 세계적으로 저력 있는 민족이 될 수 있을 것이다. 그러므로 부모는 가정에서 키워내는 자녀가 곧 전 세계를 리드해 나갈 인재가 될 수 있다는 꿈을 가졌으면 좋겠다.

우리 부부가 가졌던 교육과 양육 철학 역시 그랬다. 누군가에게 도움이 되고 누군가에게 기여한다는 사명감을 느끼게 해 줌으로써 자신이 가진 내재적인 잠재력을 이끌어낼 수 있도록 도움을 주는 것이었다. 그렇게 될 때 꿈꾸는 인재로 재창조될 수 있으리란 믿음이 있었기 때문이었다. 다행히 상웅이는 '과속 스캔들'을 터뜨리며 그러한 모습에 가깝게 다가섰고 이제는 뛰어넘고 있다.

뭐든지 스스로 생각하고 스스로 경험해 보고 스스로 꿈꾸는 아이는 행복하다. 그런 아이를 지켜보는 부모 역시 행복하며 비로소 행복한 가정이 탄생된다. 이 책 역시 부모와 자녀가 행복한 관계를 유지하고 서로가 행복한 삶을 살아갈 수 있을지 고민해 온 우리 가족의 이야기로, 소박하지만 굳게 믿고 뚝심 있게 밀고 나간 나름의 교육법이다. 이곳에 실린 이야기가 누구에게나 적용된다고 할 수는 없지만 그래도 자녀 인생의 기초 공사를 하는 데 참고할 수 있는 또 하나의 모델이 되었으면 한다.

부모와 자녀 모두가 행복한 가정을 꿈꾸며,
상웅이네 엄마 아빠

차례

프롤로그 과속 스캔들 가족이 되던 날   5

●● PART 1 ●●
모든 아이는 영재로 태어난다

01 '생초짜' 부모는 서툴 수밖에 없다   18
02 아이를 공부하라고?   22
03 아이는 왜 내 기대에 어긋나는가   27
04 자녀교육의 효율성은 적기교육이 좌우한다   31
05 아이의 능력을 최고로 끌어올리고 싶다면 인정하고 존중하라   36
06 아이는 언어보다 행동을 더 빨리 받아들인다   39
    [자녀양육에 관한 부부 서약서]   45

●● PART 2 ●●
스스로 즐겁게 공부하는 상웅이네

01 초등학교 때 인생의 기초공사를 끝낸다   50
02 아이는 자극한 만큼 성장한다   57
03 '알보시칭'으로 자립심을 길러 준다   62
04 동기부여로 아이의 잠재력을 이끌어 낸다   67
05 칭찬으로 아이에게 자신감을 선물한다   74
06 인성교육이 아이의 인맥을 결정한다   79
    [상웅이네 아빠의 못 말리는 영어 사랑]   84

● PART 3 ●
상웅이네 공부법 1단계
아이가 사춘기에 접어들기 전에 인생의 큰 그림을 그려 주어라

01 꿈이 없는 친구들이 이상해요 — 88
02 게임으로 자신의 꿈을 찾은 아이 — 92
03 스스로 과학고를 꿈꾸다 — 98
04 꿈은 피를 끓게 만든다 — 103
05 꿈을 가열해서 현실로 만들다 — 108
　[상웅이의 꿈 맵-상웅이의 서울대 지원서 엿보기] — 114

● PART 4 ●
상웅이네 공부법 2단계
아이만의 논리를 존중하고 격려하라

01 공부는 혼자 하는 거야 — 118
02 아픈 만큼 성숙해진다 — 124
03 교육의 목표는 절제력을 키우는 것이다 — 129
04 목적이 분명해야 결과도 나온다 — 135
05 스스로 질문하는 아이로 키워라 — 141
06 공부는 집중력 싸움이다 — 147
07 친구관계에서 사회생활을 배운다 — 154
　[상웅이의 비하인드 메모장-상웅이의 학습에 대한 생각] — 160

●• PART 5 •●
상웅이네 공부법 3단계
배우는 방법 자체를 가르쳐라

01 생각하는 힘을 키운다		164
02 아이가 상상하는 시간을 막지 않는다		171
03 게임으로 영어 공부를 하다		179
04 게임을 통해 더 큰 꿈을 꾸게 되다		186
05 생각의 양을 늘려라		192
06 놀이에 끌려다니지 않는 성인으로 성장하다		200
07 과정의 즐거움을 알려주어라		206
[상웅이의 놀기 비법-노는 것도 전략이 필요하다]		213

PART 6
상웅이네 조언

01 아이의 흥미와 관심을 끌어라	218
02 아이를 목마르게 하라	224
03 아이에게 질문하라	229
04 아이를 기다려 주어라	235
05 자립심을 일찍 가르쳐라	240
06 아이가 흥미있는 분야에 기대치를 심어 주어라	244
07 어릴 때부터 경제관념을 심어 주어라	249
에필로그 부모가 물려주어야 할 세 가지 유산	255

자녀는 세 가지를 통해 배운다.
부모라는 본보기를 통해서
본보기를 통해서
본보기를 통해서
　　　-앨버트 슈바이처

PART 1
모든 아이는 영재로 태어난다

01

'생초짜' 부모는
서툴 수밖에 없다

'누구나 부모가 될 수 있지만 아무나 좋은 부모가 될 수 없고 아무렇게나 부모 노릇 못 한다.'

'어느 부모나 부모됨을 고민하므로 아무나 부모가 될 수 없다는 좌절감에 빠지지 말자.'

'아무도 함부로 부모가 될 수 없으며 부모가 된 이상은 누구나 노력해야 한다.'

점점 부모가 되어 가면서 갖게 된 생각들이다. 상웅이가 우리 부부에게 처음 왔을 때에는 이런 생각은 미처 하지도 못했다. 다만 아이를 낳아 키우면서 수많은 생각과 대화, 시행착오를 겪으며 어렵게 도달하게 된 진리라고나 할까.

우리는 처음에 그야말로 '생초짜' 부모였다. 누구나 그럴 것이다. 첫 아이가 태어남과 동시에 부모라는 타이틀이 씌워지고 초보 부모 인생이 시작된다. 대학 동아리 커플로 만난 우리 부부 역시 어느 날 갑자기 부모가 된다는 통보를 받았다.

"우리가 잘해 낼 수 있을까?"

자식은 하나님께서 주신 선물이라는 기쁨과 함께 한편으로는 걱정도 들면서 아이를 어떻게 키울 것인가, 어떻게 부모 노릇을 할 것인가 막막했다. 그래도 한편으로는 남들은 부모를 그저 운명적으로만 받아들이는 데 반해 우리는 어떤 부모가 될지 고민을 하고 있으니 그나마 다행이란 위안을 삼기도 했다. 그렇게 우리 부부는 잔뜩 생각을 짊어진 채 생초짜 부모가 되었다.

역시 자식을 키운다는 것은 인생을 새롭게 설계해 나가는 것과 같이 우연과 필연의 긴장감 넘치는 드라마였다. 배고파서 우는 아이를 재워 보려고 하고, 졸려서 우는 아이에게 놀자고 덤벼들기도 했다. 정작 아이가 원하는 것을 알아채지도 못했으며 규범과 질서라는 틀 안에 욕구를 잠재우기도 했다. 아마 완벽한 부모가 되려고 하는, 또는 잘하려고 하는 인간 본연의 욕심 때문이었는지도 모른다.

그러다 어느 순간 깨달음이 왔다. 아마존 숲속에 살고 있는 피다한족은 소수민족 중에서도 소수민족이라고 한다. 얼마 전 〈아마존의 눈물〉이란 텔레비전 프로그램을 통해서도 그들의 삶이 소개 되었는데, 피다한족의 삶은 우리 부부를 서툰 부모에서 이끌어 내는 좋은 계기가 되었다. 피다한족은 자신들이 처한 그 순간에 모든 것을 집중한다고 한다.

어떤 일이 생겨도 웃는 그들, 그들은 폭풍우에 오두막이 쓸려가도 웃고 물고기를 낚지 못해도 웃는다고 한다. 많은 학자들이 그들을 연구해 보니 세상에서 그들이 가장 행복한 사람들로 나타났다고 하는데, 언어학자이자 인류학자인 다니엘 에버렛이 "그들에게 진리란 물고기를 잡는 것, 노를 젓는 것, 아이들과 웃으며 노는 것, 형제를 사랑하는 것, 말라리아로 죽는 것이다."라고 말한 것처럼 행복의 조건을 일상에 두고 있기 때문일 것이다.

그들의 삶의 방식은 서툰 부모였던 우리에게 커다란 울림으로 다가왔다. 우리 부부는 먼저 우리가 서툴다는 사실을 인정했다. 좋은 부모가 되는 것에만 연연하다 보면 실수할 수 있다는 것조차 받아들이기 힘들다. 하지만 실수할 수 있는 서툰 부모라는 것을 인정하면 한결 편안해진다. 얼마 전 한국을 방문했던 힐러리 미국 국무장관이 이화여대에서 강의했던 내용 역시 상통하는 부분이 있다.

"큰 딸 첼시가 이유 없이 울어서 저는 무척 당황했어요. 어떤 것도 소용이 없자 제가 그랬습니다. '첼시, 너도 세상이 처음이겠지만 나도 엄마가 처음 되어 보는 거야. 그러니 우리 서로 노력하자.'"

우리 역시 서툰 부모라는 것을 인정하고 노력하기로 했다. 그러다 보니 행복이 찾아졌다. 아이라는 존재 자체가 축복이요, 아이로 인해 풍성해진 우리 가족의 삶이 축복이었다. 그 삶의 축복을 이어가고 싶었다.

부모가 된다는 것은 커다란 축복이다. 예상치 못한 기쁨과 예상할 수 없는 뿌듯함을 맛볼 수 있는 최상의 직업이다. 그러나 분명한 노력이 필요하다. 하나의 직업군에서 초보에서 프로페셔널이 되기까지 숱한 시행착오와 노력이 요구되는데 하물며 자녀의 인생 밑그림을 그리는 설계사가 될 부모의 역할에 노력은 어떠하겠는가. 그래서 부모가 되는 것이 더 없는 행복인지도 모른다.

　노력하지 않고 얻어지는 성취감은 공허할 뿐이다. 반면 부모가 된다는 것은 대단한 노력이 필요한 것이지만 그것과 비례해서 얻게 되는 행복은 무엇과도 비교할 수 없다. 그것은 경험해 본 사람만 알 수 있는 혜택이다.

02

아이를
공부하라고?

"**좋**은 부모는 어떤 부모일까?"

이것은 상웅이가 태어나기 전부터 우리 부부가 던진 화두였다. 대학 1학년 시절 입학한 지 한 달 만에 동아리 커플로 만나 7년간의 연애 끝에 결혼하게 된 우리 부부에게 자녀 양육은 가장 커다란 숙제이자 최대의 관심사였다. 경제적 윤택과 안정된 직장보다 우리 아이를 잘 키우는 일이 무엇보다 소중한 일이라는 것을 일찌감치 느끼고 있었다는 것은 지금 생각해도 엄청나게 감사한 일이었다는 생각이 든다.

결혼하고 3년 뒤에 아이를 갖기로 합의한 우리 부부는 부모가 되기 이전부터 진지한 대화를 나누곤 했다. 어떻게 하면 좋은 부모가 될 수 있을까, 좋은 부모가 되어야 할 텐데 명확한 답은 떠오르지 않았다. 자칫하면 '공부 공부' 하며 판에 박힌 말만 하는 그저 그런 부모가 되는 것은 아닌지 무서웠다. 그래서 우리는 정신을 바짝 차려야 했다. 좋은 부모란 어떤 사람인지 나름대로 정의하는 일이 필요했다.

서로 머리를 맞대고 생각을 나누다 보니 공통된 결론에 도달할 수 있었다. 우리 부부가 인생에 대해 가지고 있던 모토를 떠올리면 됐다.

'후회하지 않는 인생! 스스로 신념을 갖고 최선을 다해 성취하는 삶'

우리 부부가 인생을 살아가면서 갖고자 했던 이 신념이 곧 자녀 양육에 있어서도 상통된다는 생각이 들었다. 그래서 부모의 역할은 아이 스스로 꿈을 찾아갈 수 있도록 도와주는 것이라는 결론을 내렸다. 부모의 꿈을 강요하는 것이 아닌 아이 스스로 꿈을 찾는다는 것은 그만큼 스스로 후회하지 않는 인생이 될 수 있을 것이며 신념을 갖고 최선을 다할 수 있을 것이기 때문이었다.

이런 결론에 이르자 우리가 해야 할 일은 공부였다. 그간 우리 세대 역시 공부에 시달리고 때로는 강요당하며 싫어하게 된 것도 공부였지만, 부모로서 해야 할 공부는 차원이 달랐다. 스스로 행복해질 수 있는 방법을 찾아가는 공부였기에 그 과정이 즐겁고 행복했다. 비록 직장 생활을 해야 했기에 여유롭지는 않겠지만 자녀 교육에 대한 공부는 소홀히 하지 않으리라 마음먹었다.

그리고 꿈에도 그리던 아이 소식을 들었다. 상웅이가 뱃속에서 자라고 있다는 생각에 우리 부부는 뿌듯한 마음과 그토록 고민하고 생각했던 자녀 교육을 실천에 옮길 생각으로 긴장되기도 했다. 아마 그때부터 더욱 자녀 교육에 대한 공부에 열을 올렸던 것 같다. 특히 전 세계적으로 인정받는 유태인들의 자녀 교육법에 대해 심취하여 벤치마킹하는 것은 물론이고, 오메가3가 풍부한 호두 등을 많이 섭취하고, 각종 자녀 교육서를 섭렵하면서 태교에 신경 쓰는 등 한마디로 유난을 떨었다.

스스로 꿈을 찾는 아이로 크되 공부로 인해 고생하는 일이 없기를 바라는 마음에 태명도 '똘똘이'로 지으며 3자 대화를 시작했고 교육에 대해 의견을 나누었다.

"똘똘아, 오늘은 뭐 했어요? 안에서 잘 놀고 있지요? 엄마 아빠도 오늘 하루 열심히 살았어요. 우리 똘똘이랑 오늘은 무슨 얘기를 할까요?"

"똘똘아, 세상은 정말 살맛나는 곳이에요. 얼른 커서 건강하게 세상에 나오세요."

이미 우리 부부와 아이는 가족이 되어 있었고 일상 속에서 주제를 찾아 이야기를 나누었다. 책을 읽고 교육법을 살펴보는 일보다 오히려 세상에 나오기 전부터 서로의 존재를 인정하고 받아들인다는 것 자체가 우리에게는 공부였던 것 같다.

"뭐 그리 극성을 떠니? 어디 나중에 얼마나 대단한 놈이 되는지 두고 본다. 허허!"

뱃속의 똘똘이와 대화하는 우리 부부를 목격한 작은 아버님은 이런 농담을 건네기도 했지만, 굴하지 않았다. 손발이 오그라들고 낯간지러운 장면을 연출하기도 하면서 부모가 된다는 것을 은근히 즐겼다. 이런 과정들이 우리 부부에게는 즐거운 공부였다.

아이에 대해 공부하다 보니, 과학적인 두뇌발달의 원리에 관심을 많이 뒤 여기에 중요한 역할을 하는 영양소에 대해서도 알게 되었다.

우리나라는 탄수화물, 지방, 단백질은 풍부하게 섭취하는 편이지만, 비타민, 미네랄, 식물영양소 등은 크게 부족하여 영양의 불균형으로 말미암은 비만, 행동장애 등이 많다는 것을 알게 되었다. 더불어 아이들에게는 오메가3 지방산이 매우 중요하다는 것을 알게 되었다. 공부도 무조건 책상 앞에서 열심히 하는 것이 전부가 아니라 두뇌발달과 키 성장에 맞춰 과학적으로 영양을 균형 있게 공급해 주는 것도 매우 중요하다는 것을 알았다. 영국은 이를 과학적으로 규명하고, 두뇌발달에 꼭 필요한 영양소를 학교에서 무상 공급하고 있다고 한다.

우리 부부도 두뇌발달에 좋은, EPA 성분을 뺀, 키즈오메가와 비타민, 미네랄, 식물영양소까지 포함된 천연의 종합영양제를 상웅이가 성장하는 동안 꾸준히 섭취시키고, 자연산 천연 신경 안정제로 인정되고 있는 칼슘 영양제를 같이 섭취하도록 했다. 더불어 상웅이가 고등학교 때까지 공부를 한창 할 때는 꼭 잊지 않고 키즈오메가를 섭취하도록 했고, 다른 천연 영양제도 더 섭취하도록 했는데, 큰 효과를 보았다. 그래서 그런지 학습 집중력이 높아졌고, 행동이 매우 차분해졌다. 아이들은 영양이 균형 있게 공급되면 차분해지고 집중력이 높아지며, 간식에 대한 욕구가 없어지게 된다고 하는데, 우리도 그 덕을 톡톡히 보았다.

많은 부모들이 부모로서 공부하지 않는 모습을 보면 안타까운 마음이 든다. 부모가 공부한다는 것은 부모의 모습을 고민하고 성숙하도록 노력하는 것이다. 아이들에게는 지나치게 공부를 강요하면서 정작 본인들은 노력하지 않는다면 당연히 좋은 결과는 기대하기 힘들 것이다.

위기 = 중요도×모호함

글로벌 홍보회사 플레시먼 힐러드의 데이브 시네이 회장이 위기에 대해 이런 정의를 내렸다. 여기서 모호함은 두려움, 불확실성, 의구심 등을 뜻하는데, 각각의 항목에 1에서 10까지 점수를 둔 뒤 매겨진 숫자만큼 곱하여 위기지수를 나타낼 수 있다는 것이다.

예를 들어 아이를 키우는 일이 무척 힘들다는 이야기를 들었다고 하자. 이때 아이를 키우는 일의 중요도는 9를 넘어서 거의 10에 가깝게 된다. 이때 만약 아이를 키우는 일에 대한 모호함 역시 9점대를 넘어간다면 위기지수는 100에 근접할 수 있다. 하지만 여기서 아이를 키우는 일의 중요도는 바꾸지 못해도 모호함의 지수는 얼마든지 바꿀 수 있다. 두려움을 떨어내는 데 필요한 신념과 노력의 의지를 분명히 한다면 불확실성의 지수는 0에 가까워질 수 있기 때문이다.

부모가 자녀를 양육한다는 것은 노력의 의지에 따라 위기지수를 높일 수도 낮출 수도 있다. 그래서 부모도 부모가 되는 것에 대해 치열하게 고민하고 공부할 필요가 있는 것이다.

03
아이는 왜 내 기대에 어긋나는가

유치원 시절 엄마의 말 한마디에 똑 부러지게 말을 잘 듣던 아이가 초등학교에 들어가면서 점점 행동이 느려지고 자꾸 미루는 버릇이 생겼다. 차마 거부는 못하지만 속으로 자기 생각을 주장하고 싶어지는 것이다. 그랬던 아이가 고학년이 되면 대놓고 대들기 시작한다.

"알아서 한다니까!"

6학년쯤 되면 말하는 엄마가 오히려 아이의 눈치를 보기 시작하고 아이는 "엄마가 지금 무슨 얘기 하려는지 다 알아."라며 톡 쏴붙인다. 중학생이 되면, 아예 말을 꺼내기조차 어렵다.

이쯤되면 엄마는 패닉 상태에 빠진다. 그간의 쏟아 부은 정성이 속속 떠오르며 서운함과 괘씸함 등등 좋지 않은 감정이 봇물 솟듯 솟아오르지만, 이미 아이는 엄마의 곁을 차갑게 떠난 상태가 된다.

대부분의 부모들이 자녀가 성장함에 따라 느끼는 감정이 아닐까 싶다. 객관적으로 볼 때 이러한 과정들은 아이들이 '독립된 인격체'로 거듭나기 위한 몸부림이다. 이것은 자연스런 현상으로 아이가 언제까지나 품안의 자식이 되어서는 안 된다.

자녀 교육에 심취해 있으면서 우리 부부는 유태인의 자녀 교육법에 관한 공부를 많이 했다. 그들의 훌륭한 교육법 중에서도 가장 끌렸던 핵심은 자녀를 독립적인 인격체, 즉 부모와 동등한 존재로 대한다는 것이었다. 그렇기 때문에 스스로 선택할 수 있도록 도와주고 기다려줄 수 있다는 것이었다.

오랜 기다림 끝에 상웅이가 세상에 나오면서 우리는 부모로서 원칙을 세웠다. '스스로 해내는 아이'로 강하게 키우자는 것이었다. 이것은 유태인들이 자녀를 일찌감치 독립시키며 교육하는 방법을 벤치마킹했다. 우리가 부모로서 아이 스스로 꿈을 찾아갈 수 있도록 도와주는 조력자가 되기로 자처했기에 그러한 철학에 맞는 방법이기도 했다.

스스로 자립하여 스스로 꿈을 향해 나갈 수 있는 힘을 갖추도록 하는 것은 절제의 고통이 따르는 일이다. 막상 상웅이가 태어나니 너무도 귀엽고 사랑스러운 존재여서 뭐든지 해 주고 싶고 어떠한 문제도 발생하지 않도록 안락하게 해주고 싶은 마음도 분명히 있었다. 하지만 절제는 반드시 필요했다. 부모의 절제는 아이 스스로 하려는 의지를 불러일으킨다는 믿음이 있었고 실제로도 그랬다. 덕분에 상웅이는 일찌감치 독립적인 아이가 되었다.

또한 스스로 해내는 아이로 키우기 위해서는 아이를 사랑하되 지나친 집착과 맹목적인 미련을 갖지 말아야 했다. 우리 사회에서 부모가 자녀에 거는 맹목적인 기대와 집착은 대단하다. 아이의 꿈이 자신의 꿈이고 자신이 못다 이룬 꿈이 아이를 통해 이루어져야 만족하는 조금 이상한 사회 분위기 때문에 꿈 많은 아이들은 시들어간다.

우리 부부는 이런 말도 안 되는, 어쩌면 우리가 겪었던 불편한 분위기에 자녀를 놓지 않으려 했다. 우리는 모든 아이는 영재로 태어난다고 생각한다. 다만 부모와 꿈이 다를 뿐 부모가 자신의 꿈 때문에 아이의 꿈을 가로막아서는 안 된다는 것이 우리의 일관된 생각이다. 특히 엄마가 더 조심해야 할 점이기도 하다. 그래서 이 점에 대해 끊임없이 이야기를 나눈 기억이 난다.

"아이들은 잘 키워서 자기 생활을 갖도록 하는 게 제일 중요한 것 같아. 부모로서 무한한 애정은 좋은데, 지나친 기대나 대리만족, 일방적인 집착은 버리자고. 결국 남는 건 부부밖에 없다잖아."

물론 집착을 버리는 데에는 노력이 필요하다. 자기도 모르게 자녀를 향한 기대감과 집착이 밀려올 때가 있고 애정이라는 이름하에 통제하려는 본능을 억눌러야 하기 때문이다. 그런데 대부분 아이들의 스트레스가 사랑을 표출하고 느끼고 나누는 과정에서 적절치 못하거나 과하면서 생긴다. 우리 부부가 7년간 연애를 하면서 깨달은 점이기도 하다. 이미 그것을 경험했던 우리로서는 아이를 향한 과한 애정의 표현, 지나친 집착은 처음부터 버리려고 노력을 했다. 그 결과 아이로부터 이런 이야기를 들었다.

"저는 엄마 아빠가 다른 부모처럼 집착하지 않아서 좋았어요."

개념이 있다는 것은 다른 것이 아니다. 원대한 계획을 세워서 플랜에 맞춰 진행하는 것이 아닌, 부모로서 올바른 철학을 갖는 것이다.

04
자녀교육의 효율성은
적기교육이 좌우한다

요즘 아내가 하는 걸 보면
섭섭하기도 하고 괘씸하기도 하지만
접기로 한다.
지폐도 반으로 접어야
호주머니에 넣기 편하고
다 쓴 편지도 접어야
봉투 속에 들어가 전해지듯
두 눈 딱 감기로 한다.
하찮은 종이 한 장일지라도
접어야 냇물에 띄울 수 있고
두 번을 접고 또 두 번을 더 접어야

종이 비행기는 날지 않던가

박영희 시인이 쓴 〈접기로 한다〉라는 시의 일부이다. 이 시에서 '아내'를 '아이'로 바꿔서 감상해 보자.

자녀를 키우면서 부모가 접어야 할 때가 참 많다. 그런데 이것이 자녀의 문제일까? 아니다. 부모의 조급증에 문제가 있을 때가 더 많다.

상웅이를 낳아 기르면서 우리 부부가 늘 경계했던 것 역시 조급증이었다. 부부가 맞벌이를 하는 터라 외할머니 손에서 자란 상웅이는 초등학교 때부터 혼자 놀기의 진수인 컴퓨터 게임에 통달했었다. 워낙 어렸을 때부터 컴퓨터 앞에서 공부하는 엄마 아빠의 모습을 봐서일까 아이는 게임에 무척 빠져들었다. 그 모습을 매일 지켜보셔야 했을 외할머니의 심정은 타들어 가셨을 것이다. 집안일이나 자녀 교육에 있어 엄격한 편인 외할머니는 컴퓨터 앞에만 앉아 있는 손자가 얼마나 안타까우셨을까. '지금 저 나이쯤 되면 공부를 시켜야 할 텐데, 부모가 다잡아 줘야 할 텐데.' 하며 걱정이 이만저만 아니셨을 것이다. 그러한 파장은 우리 부부에게 전달되었고 내심 나무라기도 하셨다.

"어머니, 그냥 기다려 주세요. 그냥 내버려두세요. 본인이 하고 싶을 때가 분명히 올 거예요. 지금은 하고 싶은 것 할 수 있도록 두세요."

우리 부부는 내심 불안한 마음이 있었지만, 분명히 아이에게도 공부에 눈을 뜨는 적절한 때가 있을 것이란 믿음을 가졌다. 이미 언어 교육에 관심이 많았던 우리 부부는 어린 시절 상웅이에게 언어에 관한 자극을 계속적으로 주며 흥미를 가질 때까지 지켜본 적이 있다. 그저 아이가 볼 수 있도록 DVD를 틀 수 있게 해 주는 등 환경을 제공하자 어느 순간 상웅이 스스로 비디오를 보면서 자기도 모르게 흥미를 보이고, 어느새 문장을 통째로 외워 술술 말하는 것이 아닌가. 그러한 경험은 억지로 시켜서 목표에 도달하게 하는 것보다 하고 싶을 때 집중력을 발휘할 경우 결과가 훨씬 좋다는 확신을 주었다. 결과적으로 상웅이는 게임이든 학업이든 자신이 흥미를 느끼게 되었을 때 충분히 즐길 줄 아는 아이로 자랐다.

그러나 때를 기다리는 것 못지않게 중요한 것이 때가 왔을 때 적절히 대응하는 것이다. 상웅이는 늘 흥미로운 것을 찾아다닌다. 대학에 입학하고 난 뒤 난데없이 바이올린을 배우겠다고 한 적이 있다. 고등학교 시절 트럼펫을 불며 축제 때 오케스트라에 참여했던 경험이 있었던 터라 그런가 보다 했다. 결국 바이올린을 배우기 시작하더니 그 맛에 푹 빠져 버렸다. 그런데 한참 흥미를 느끼려는 찰나 자신의 음악적 감각이 뒤처진다는 생각이 들었던지, 집에 와서는 이렇게 따져 물었다.

"왜 어릴 때 피아노를 시키지 않으셨어요?"

"그거야 네가 초등학교 3학년 때까지 치다가 한사코 배우기 싫다고 해서 그만둔 거지."

"저도 생각나는데요. 그땐 가르치는 방법이 마음에 안 들었던 것뿐이에요. 선생님이 너무 강압적이고 무조건 연습만 하라고 하고 안 하면 혼내시니까 피아노가 싫었죠. 음악은 재밌었다고요."

"그래? 그럼 어떻게 시켰어야 한다고 생각하니?"

"음, 적어도 음악회나 연주회에 가서 보고 듣도록 했으면 음악이 좋아졌을 것 같아요. 그때 그렇게 해주셨더라면 잘하려고 하지 않았을까요?"

순간, 우리는 아차 싶은 마음이 들었다. 상웅이는 그때 배우는 방법이 싫었을 뿐인데 우리는 그것을 미처 알아차리지 못한 것이다. 아이가 음악에 흥미를 가지기 시작할 때까지 참고 기다려 주는 것도 중요하지만, 때가 되었을 때 방법을 함께 의논했어야 했다는 것을 새롭게 느낀 셈이다. 그렇게 깨달은 덕분에 상웅이는 대학에 진학한 뒤로 같은 학교 여학생에게 뒤늦게 고생하며 레슨을 받았고 서울대 오케스트라 동아리에서 열심히 활동을 했다.

무엇이든 '시기'가 있는 법이다. 부모가 그 '시기'를 조절하려고 해서는 안 된다. 사람에게는 누구나 본능적인 욕구가 있으며 그것은 아이들도 마찬가지이다. 그중에 인정받고 싶은 욕구가 가장 크다는데 부모가 아이의 '시기'를 기다려 주는 것 역시 아이를 인정하는 행위가 된다. 아이가 좋아할 때까지 기다려 주고 아이가 할 수 있을 때까지 기다려 주는 것은 그만큼 아이를 존중한다는 의미가 되기 때문이다.

반면 적절한 '시기'가 왔을 때 그 '시기'를 놓치지 않는 것도 중요하다. 그래서 우리 부부가 적기교육에 대해 강조하는지도 모른다. 적당한 '시기'를 안다는 것은 너무도 중요한 일이다. 아이가 막 어휘를 구사하려고 할 때 자극을 해 주고, 뭔가에 호기심을 갖기 시작할 때 생각의 틀을 넓혀 주는 등 환경을 만드는 것은 부모의 몫이다. "우리 아이는 왜 이렇게 '시기'가 안 올까?" 하고 걱정할 필요도 없다. 포 프론슨의 『양육 쇼크』에서는 진정으로 우월한 두뇌의 인지발달 과정을 보면 대기만성이 최적의 발달 속도일 수 있다고 한다. 그러므로 '시기'를 좇아 기다리는 부모의 인내심과 '시기'를 알아차렸을 때 신속한 움직임이 필요한 것이다.

05
아이의 능력을 최고로 끌어올리고 싶다면 인정하고 존중하라

"**똘**똘아, 식사할까요?"
"똘똘아, 오늘도 뱃속에서 엄마와 함께 행복했나요?"

상웅이가 뱃속에 있을 때부터 우리 가족의 대화는 의도적으로 시작되었다. 주변 사람들이 우리더러 유난스럽다고 말해도 어쩔 수 없었다. 이미 아이는 하나의 성인 인격체로서 존재하고 있다는 생각을 했던 터라 이러한 대화를 일상화하는 노력이 필요했다. 그렇다 보니 저절로 존칭도 쓰게 되었다.

오랜 기다림 끝에 아이가 세상에 나오면서 가족의 대화는 더욱 풍성해졌다. 아이가 말이 트이건 상관없이 대화했고, 옹알이를 시작하면서 대화는 더욱 시청각적으로 변화했다. 시간이 흘러 아이가 말을 하고 생각이 점점 자라가면서 우리 가족이 나누는 대화의 주제는 다양해졌다.

주변에서 일어나는 일, 책 속에서 일어나는 일, 그날 하루 있었던 일 등 세상은 넓고 할 이야기는 많았다.

누구나 인정받는다는 것은 유쾌한 일이며 자긍심을 높일 수 있는 일이다. 아무리 완숙하지 않을지라도 인격체로 존중받고 있을 때 아이들이 느끼는 감정은 다르다. 자신은 그렇지 않다고 하지만 많은 부모들이 어린 자녀의 의견을 무시한다. "너는 몰라도 돼." "그냥 엄마 하란 대로 하면 된다니까." 하는 식의 말 자체가 아이를 인격적으로 인정하지 않는다는 말이 된다. 무시당하면서 자란 아이는 무시하는 방법만 터득할 뿐이다.

그동안 자녀교육에 대해 고민하며 공부했던 내용의 핵심은 '자녀를 인격체로 인정하고 존중하라'는 것이다. 인정의 사고방식이 자녀교육의 중심에 자리 잡고 있어야 다른 세부적인 방법들이 활용될 수 있다. 어리다고 의견을 무시하거나 몰아붙이는 일은 절대로 해선 안 된다. 반드시 아이의 의견을 묻되 의견이 없을 때는 의견을 갖도록 대화를 유도해 주어야 한다. 어리다고 굳이 쉬운 어휘만을 사용하여 말하는 것보다는 자연스럽게 어른스러운 어법을 사용하는 것도 좋은 방법이다.

한 연구에 의하면 가정에서 구사되는 어휘가 보통의 가정에서는 800단어에 불과하지만 고소득층의 경우는 약 1,500단어를 넘었다고 한다. 여기서 고소득이란 단지 돈을 많이 버는 것을 의미하는 것이 아닌 지식수준이 높은, 즉 의식 있는 환경을 의미한다. 이러한 연구 결과에서도 알 수 있듯이 아이와 대화를 나눌 때 풍부한 어휘는 오히려 자극이 될 수 있다. 그러므로 아이를 성인과 같은 인격체로 인정한다는 것은 부모와 동등한 위치에서 대화하며 의견을 주고받는 것이다.

아이를 인격체로 대한다는 것이 생각처럼 쉬운 일이 아니다. 게다가 부모와 동등한 입장에서 이야기를 나누고 의견을 묻는 일 역시 쉽지 않다. 사마천의 『사기』에 예양의 이야기가 나온다. 그는 자신을 인격적으로 대해 준 지백을 위해 목숨을 바친다. 지백의 원수인 무술을 찾아가 대신 복수를 해 주며 온몸으로 감사함을 표현한 예양은 "선비는 자기를 알아주는 사람을 위해 목숨을 바치고 여자는 자기를 기쁘게 해 주는 사람을 위해 얼굴을 꾸민다."라는 말을 남겼다.

어린아이들은 자기를 인정해 달라고 울고 어른들은 인정받기 위해 죽는다는 말이 있다. 이처럼 아무 인륜적 관계도 아닌 사람도 인격적으로 인정을 받을 때 목숨을 초개와 같이 버리는데 하물며 우리 자녀들은 어떨지 생각해 봐야 한다. 인정받고 있을 때 느끼는 심리적 안정과 능력의 배가는 과학적으로도 이미 입증된 바 있다. 이제 부모만 바뀌면 된다.

06

아이는 언어보다 행동을 더 빨리 받아들인다

부자들만 산다는 어느 아파트에서 일어난 일이다. 한창 바쁜 아침 시간, 엘리베이터가 거의 만원인 채로 내려가는데 10층에서 멈춰섰다. 초등학생 한 명이 올라타기에 사람들이 뒤로 물러섰는데, 아이가 열림 버튼을 누른 채 밖을 향해 소리쳤다.

"엄마, 빨리 와! 엘리베이터 왔어."

순간, 안에 있던 사람들의 표정이 일그러졌지만 기다려 주기로 했다. 하지만 엄마의 기척 소리는 나지 않았다. 그러자 아이가 다시 소리를 빽 질렀다.

"엄마, 엘리베이터 왔다니까!"

그 아이의 엄마는 조금 더 시간이 흐른 뒤에 나타났다. 또각또각 구두소리를 내며 등장한 엄마, 그런데 표정이 심상치 않아 보였다. 사람들은 예의에 벗어난 아이의 행동을 바로잡아 주려나 보다 은근히 기대했다. 아니나 다를까, 엄마가 근엄하게 말한다.

"너! 그러지 말라고 했지?"

이제 본격적으로 아이의 버릇을 고쳐 주려나 보다 싶어 귀를 쫑긋하게 세운 채 모자의 대화에 귀를 기울였다.

"엘리베이터가 뭐야? 엘리~베이러~ 응? 발음 똑바로 못해?"

이와 유사한 일을 우리는 주변에서 어렵지 않게 볼 수 있다. 아이는 부모의 모습을 그대로 보고 자란다. "아휴! 어디서 저런 애가 나왔는지 모르겠어요."라는 말을 할지 모르겠지만 그런 애는 바로 자신에게서 나왔다. 오죽하면 아이들 앞에서 냉수 한 사발도 함부로 못 마신다고 하겠는가. 아마 엘리베이터에 탔던 아이는 상식은 빼놓고 지식에만 연연하는 부모의 모습을 그대로 복제한 것은 아니었을까.

상웅이를 낳아 기르면서 우리 부부 역시 아이는 부모를 그대로 복제한다는 것을 몸으로 체감했다. 아이가 태어난 지 생후 28개월 되었을 때였다. 우리 부부는 각각 학업과 직장으로 바빴던 터라 상웅이는 외할머니께서 주로 봐주고 계셨다. 외할머니 집에는 이모와 외삼촌이 함께 생활하고 있던 시기였는데 당시 이모와 외삼촌 역시 공부를 하고 있었기에 어린 상웅이는 자연스럽게 그러한 분위기에 익숙해져 있었다. 어느 날 아이를 데리러 갔는데 상웅이가 식탁에 앉아 도화지와 조립용으로 사용하는 플라스틱 막대기를 들고는 말했다.

"공부해야 돼요. 조용히 해! 글씨도 써야 되는데 나 잘 못 써요. 아빠가 써 봐요."

아이 입에서 공부를 해야 한다는 말이 나온다는 것도 놀라웠지만 단 한 번도 공부하란 말을 해 본 적 없었던 우리로서는 당황스럽기도 했다. 다만 외할머니나 이모, 삼촌이 자주 입에 담던 '공부'라는 말과 공부하는 모습이 각인되어서라고 추측할 뿐이다. 그래서 어린 나이에 공부란 종이 위에 뭔가 쓰는 행동이라고 생각하고 흉내 냈을 것이라고 말이다.

우리는 혹시나 공부라는 말이 부정적으로 각인되기라도 하면 학교에 다니면서 지겹게 해야 할 공부가 더욱 싫어지지 않을까 걱정도 되었다. 그런데도 상웅이는 어른들의 흉내 내는 것을 즐겼고 자연스럽게 시청각을 통해 공부라는 이미지를 각인시키게 되었다. 생후 28개월의 경험을 통해 우리 부부는 한 가지 깨달음이 있었다. 아이들은 보이는 것을 복제하는 본능이 있으며, 따라서 백 마디 말을 해 주는 것보다 한 번의 행동으로 보여 주는 것이 효과적이란 사실이다.

어느 심리학 연구를 보면, 사람과 사람 사이의 의사를 말로 전달했을 경우 17% 정도 정확히 전달된다고 한다. 반면 보는 이미지를 포함하여 메시지를 전달할 때는 73%의 전달률을 나타낸다는 것이다. 이 말은 곧 말로 이루어지는 잔소리는 사실상 받아들이는 쪽에서 효과가 없지만, 부모의 작은 행동이나 보이는 이미지가 주는 효과는 엄청나다는 말이 된다. 자녀가 책 읽기를 원하면 책 읽는 부모의 모습을 보여 주라는 말은 괜한 말이 아니다. 우리 부부 역시 아이가 보이는 것을 복제한다는 것을 염두에 두고 신경을 쓴 편이다. 부모의 행동 하나하나가 아이에게 보이는 모범이 되어야 하는 것이지, 잔소리로만 이렇게 해라 저렇게 해라 하는 것은 쓸데없는 일이다.

우리가 첫 번째로 선택한 것은 책 읽는 모습을 보여 주는 것이었다. 부모는 TV를 틀어 놓고 있으면서 아이들에게 책 읽으라고 하는 것은 모순일 뿐이다. 우리 부부는 혼수용품으로 책상과 책꽂이를 선택할 정도로 독서에 관심이 많았기에 자연스럽게 책 읽는 모습이 아이에게 전달되었다. 부부 모두 공부를 해야 하는 입장에 놓여 있다 보니 책은 아주 자연스러운 학업의 연장이었던 터라 어린 상웅이는 그런 부모 곁에서 늘 책을 만지작거리기도 하고 물고 빨기도 하며 책과 친숙해졌다. 그렇다 보니 독서 습관은 자연스럽게 배게 되었다.

두 번째로 부모가 열심히 사는 모습을 보여 주려고 했다. 우리 부부는 각자 지향하는 바가 있었고 나름대로 열심히 생활하고 있었다. 바쁜 직장생활로 인해 아이와 함께 해 줄 수 있는 시간은 많지 않았다. 하지만 주말에는 무조건 상웅이와 대화의 시간을 가졌고 부모의 사정을 빠짐없이 말해 주었다. 왜 엄마 아빠가 바쁜지, 부모가 왜 일을 하는지, 어떤 일을 하는지 등 상웅이가 애정 결핍을 느끼지 않도록 하기 위해서도 우리는 말로 표현하며 설명했다.

이 대목에서 우리 부부는 상웅이에게 죄책감을 갖지 않으려고 했다. 가끔 보면 아이와 많은 시간을 보내준 것 같지 않아 많은 부모들이 규칙을 깨고 보상을 해 주려고 한다. 바로 그 점을 경계해야 한다. 크리스

틴 카터의 『아이의 행복 키우기』를 보면, 예전과 비교할 때 부모가 아이들과 보내는 시간이 적다고 걱정하지 말라고 한다. 부모가 자녀와 보내는 시간을 따져 볼 때 양적으로는 적을지 모르지만 멀티태스킹 덕분으로 실제로는 예전보다 더 효율적으로 아이와 시간을 보낸다는 것이다. 그러므로 그저 있는 그대로 아이에게 설명해 주고, 짧고 굵게 아이와 시간을 보내면 된다.

그것으로도 모자라다 싶으면 시간이 가능할 때 상웅이를 직장에 데리고 가서 일하는 현장을 보여 주었다. 주말에도 특근을 해야 하는 엄마의 삶을 지켜보면서, 아빠가 꿈을 이루기 위해 어떻게 준비하는지 지켜보면서 상웅이는 아주 일찍부터 열심히 사는 삶을 복제하기 시작했다.

"엄마, 저도 커서 일을 많이 할 거예요. 엄마 아빠처럼요."

상웅이는 저절로 열심히 살아가는 삶을 선택하고 있었다.

세 번째로 우리 부부가 선택한 방법은 부모가 화목하게 지내는 모습을 보여 주는 것이다. 각자 바쁜 삶 속에 놓이다 보면 서로에게 소홀해지기 마련이다. 우리는 그런 무심함을 가장 먼저 경계했고 부모의 화목을 통해 아이가 안정될 수 있으리라 생각했다. 화목하다는 것은 서로를 배려한다는 뜻이고, 힘들고 복잡한 상황에서도 상대를 이해하려고 노력하여 좋은 방법으로 극복해 나가는 모습을 의미한다. 우리 부부에게도 힘들고 복잡하고 이해하지 못할 상황들이 분명 있었지만 끝까지 대화하며 해결하려고 했다. 상웅이는 그런 부모의 모습을 보고 자란 뒤로 '닭살 부부'라고 놀리기도 하지만, 커 가는 과정에서 아이 스스로가 심리적으로 상당히 안정감을 가질 수 있었다. 또한 가족과 화목하다는 것은 주변 사람들과의 화목으로도 범위가 넓혀진다.

수십 년간 결혼과 양육에 관한 연구를 하는 심리학자 필 코웬과 캐롤린 코웬은 자녀와의 관계가 좋아진다고 결혼생활이 좋아지는 것은 아니지만 배우자와의 관계가 좋아지면 자녀와의 관계도 좋아진다는 결론을 내렸다고 한다. 우리가 선택한 방법들이 실제적으로 연구 결과로도 나타나는 것을 보면 신기할 따름이다.

아이는 부모에게서 보이는 것을 복제한다. 이것은 우리 부부가 상응이를 통해 갖게 된 신념이기도 하다. 그렇기에 아이가 잘되기를 원한다면 그 원하는 모습을 부모가 행동으로 옮기면 된다. 부모가 자녀를 양육하기 위해 먼저 자신을 다스려야 하는 이유도 바로 여기에 있다. 앨버트 슈바이처가 남긴 아주 유명한 말을 되새기면 좋을 것이다.

자녀는 세 가지를 통해 배운다.
부모라는 본보기를 통해서
본보기를 통해서
본보기를 통해서

자녀양육에 관한 부부 서약서

우리 부부 상웅이 엄마 아빠 는 자녀를 양육하는 데 있어
이러한 약속을 합니다.

- 공부는 공부일 뿐 스트레스 받게 하지 말자 -

자녀를 키우는 데 있어 가장 중요하게 생각할 부분이다.
공부라는 것으로부터 스트레스를 받지 않도록 한다.
공부는 스스로 하는 것이지 부모의
강압에 의해 하면 자기 것이 될 수 없다.
공부해서 남 주자.

- 자녀에게 아끼지 말고 칭찬하자 -

칭찬은 내 자녀를 바뀌게 만든다.
칭찬은 해도 해도 넘치지 않는다.
칭찬하되 구체적으로 해 주자.
실수한 것까지 칭찬해 주는 너그러운 부모가 되자.

약속 3
– 나무라지 말고 미래를 제시하자 –
가능한 한 자녀에게 큰소리를 내지 않는다.
자녀의 가능성을 내다본다.
큰 꿈과 비전을 그릴 수 있도록 대화한다.
잘못한 일에 대해서는 구체적으로 설명해 준다.

약속 4
– 질문을 잘 던지는 부모가 되자 –
질문을 통해 생각할 수 있게 만든다.
구체적으로 대답할 수 있는 질문을 던진다.
늘 자녀의 생각이 어떤 것인지 알 수 있도록 질문한다.

약속 5
– 독서를 생활화하자 –
책 읽는 부모의 모습을 보여 준다.
손 닿는 곳 어디든 책이 걸리적거리게 한다.
독서 후 활동으로 표현활동을 하도록 한다.
다양한 장르의 책을 읽도록 유도한다.

단 한 번도 공부하란 말을 한 적이 없지만,
외할머니나 이모, 삼촌이 자주 입에 담던
'공부'라는 말과 공부하는 모습이 각인된 상웅이는
공부하는 흉내를 곧잘 내곤 했다.
어린 나이에 공부란 종이 위에
뭔가 쓰는 행동이라고 생각한 모양이다.

칭찬이 고래도 춤추게 하듯 칭찬은 우리 자녀들을 춤추게 만든다. 그런데 그 칭찬의 효과는 인생의 기초공사를 할 때 충족되어야 효과를 누릴 수 있다. 이미 다 커 버린 뒤에, 생각이 다 자란 뒤에는 칭찬을 고깝게 여길 수도 있다. 그 때문에 생각과 마음이 커지는 성장 시기에 부모의 칭찬을 풍부하게 경험한 아이는 자신감이 충만해서 뭐든지 할 수 있는 아이로 클 가능성이 크다.

●● PART 2 ●●

스스로
즐겁게 공부하는
상웅이네

01
초등학교 때 인생의 기초공사를 끝낸다

한 아이가 성웅 이순신 전기를 읽고 나서 소감을 말했다.
"전 아이를 낳으면 이순신 장군처럼 키울 거예요."
그 말을 들은 선생님은 언뜻 이해가 가지 않아 물었다.
"네가 이순신 장군처럼 되면 되잖아."
그러자 아이가 이렇게 대답했다.
"우리 엄마 아빠는 저를 이순신 장군처럼 못 키울 것 같거든요."

아이를 키우는 부모라면 이런 유머를 그냥 넘기기 힘들 것이다. 아이에게 이런 대접(?)을 받는 것은 그야말로 굴욕이기 때문이다. 굴욕을 당하지 않기 위해서는 일찌감치 부모의 싹을 보여야 한다. "될성부른 나무는 떡잎부터 알아본다."는 속담이 있듯이, 될성부른 부모는 자녀가 좋은 떡잎이 되도록 준비해야 한다. 우리 부부는 그것을 자녀의 인생 기초공사라 불렀다.

물론 인생 기초공사를 시작하기까지 우리도 시행착오를 거쳐야만 했다. 상웅이를 잘 키우고 싶은 마음에, 특히 언어적인 감각을 높여 주고 싶어 초등학교도 들어가기 전에 영어학습지를 시켜 보았다. 공부에 연연하지 않겠다고 해 놓고서도 조급증이 들었는지 상웅이에게 도움이 될 것 같아 시켜 본 학습지는 결국 한 달 만에 막을 내렸다.

"엄마 아빠, 나 이거 하기 싫어요."

학습지 시작과 함께 상웅이의 입에서 짜증이 튀어 나왔다. 처음에는 학습지라는 것을 경험해 본 적 없기 때문에 낯설어서 그런가 보다 했지만 자세히 살펴보니 수긍이 되었다. 학습지는 단어쓰기를 바로 시작하는 종래의 방식이었는데 그것은 상웅이에게는 어울리지 않았다. 상웅이는 무작정 읽고 쓰는 방식보다 생각하고 또 생각하기를 즐기는 아이였건만 무작정 영어쓰기부터 하라는 주문은 무리였던 것이다. 아직 한글도 제대로 쓰지 못하는 아이에게 영어를 쓰라고 하는 것은 어불성설이었다. 우리 부부가 선택한 방법은 보기 좋게 실패작이 되었고, 그 일을 계기로 우리는 종래의 암기하는 공부 방식은 지양하기로 했다.

그 대신 실패를 토대로 기초공사에 대한 윤곽을 짜게 되었다. 아이의 발달 단계에 따라 키운다는 것이었다. 일단 기초공사의 마무리는 만 12세, 아이의 초등학교 시절까지였다. 만 12세로 정한 것은 임의적인 것이 아니다. 자녀 교육에 있어 오랜 전통과 깊이를 자랑하는 유태인들이 자녀가 만 12세가 될 때 성인식을 치르며 성인으로 대접한다는 사실에 근거했고, 우리의 경우 2차 성장을 시작하는 시기도 초등학교 시절이라는 판단에서였다.

12년으로 기초공사 기간을 잡아 보니 거기서 또 3단계로 나눌 수 있었다. 분류를 나눈 근거는 아동의 발달단계에 따른 것으로 6세까지를 하나의 단계로, 7세부터 9세까지를 그 다음 단계로, 10세 이후를 마지막 단계로 보았다. 학습과 관련한 변화지점을 6세, 10세, 13세로 나누어 타이밍에 맞추니 각 단계에 따라 주력해야 할 부분이 대강 그려졌다.

6세, 상웅이가 한창 어휘력이 왕성할 때까지는 모국어 언어능력 개발에 집중을 했다. 실제로 인지발달학자 피아제가 구분한 전조작기 단계(3~5세)가 여기에 속하는데, 그가 말하기를 이때가 유아들이 구사하는 단어가 300개에서 1,000개 사이로 급증하는 시기이고, 질문이 계속 늘어난다고 했다. 이 말은 곧 모국어 책읽기와 대화를 통해 언어적 감각을 발달시켜 줄 수 있다는 말과 같기 때문에 우리는 그 부분에 집중했다. 그래서 책을 읽어 주는 내내 구체적 세계를 실감나게 표현해 주도록 사물을 묘사할 때 신경을 쓰고 반드시 의견을 물어 대화를 유도했다. 또한 상웅이가 구체적이고 실감나게 표현할 때는 적극적으로 반영해 주었다. 그렇다 보니 상웅이는 하루가 다르게 어휘력이 쑥쑥 자랐다.

7세가 되면 아이의 또 다른 언어 감각이 빛을 발한다. 이미 한 차례 실패한 경험이 있던 우리로서는 상웅이가 7세가 되었을 때 조심스럽게 외국어인 영어를 준비했다. 이미 모국어에 대한 두려움이 해소된 상태에서 새로운 언어를 흥미롭게 받아들였다. 대부분의 아이들이 7세가 되면 모국어에 대해 자리가 잡혀 있는 상태로 두 가지 언어를 받아들일 준비가 되어 있다고 한다.

대신 언어란 학습이 아니며 재미이고 놀이라는 믿음을 심어 주는 게 중요했다. 그래서 우리가 선택한 것은 시청각 교육이었다. 물론 놀이 위주로 영어를 가르치는 영어유치원에 보내기도 했지만 집에 있는 시간에는 아이가 볼 수 있도록 영어 DVD를 구비해 놓았다. 외할머니와 함께 있는 시간이 많았던 상웅이는 심심할 때면 책도 읽다가 비디오도 자연스럽게 보았고 화면과 함께 진행되는 영어를 습득하기 시작했다. 외할머니에게는 1시간 이상 시청하지 않도록 부탁드렸고, 대신 상웅이는 자기가 원하는 작품을 수도 없이 보았다.

어느 날 퇴근을 하고 돌아왔는데 상웅이가 보자기 같은 것을 둘러쓰고 우리를 맞이하고 있었다. 대체 뭘 하고 놀았기에 저렇게 신이 났을까 바라보는데 갑자기 아이가 한 손을 번쩍 들더니 이렇게 외쳤다.

"I have the power!"

어찌나 표정과 말이 일치가 잘되는지 한참을 웃고 있는데, 그제서야 또 한 가지 새롭게 발견한 것이 있었다. 상웅이의 발음이 영어를 모국어로 쓰는 사람들의 발음에 가까웠던 것이다. 아이가 비디오를 보면서 따라하다 보니 자신도 모르는 사이에 그렇게 되었던 것이다. 그 후로도 상웅이는 이런 시청각 자료에 의해 영어를 익혔다. 부모로서 해 줄 수 있는 것은 좋은 내용의 프로그램, 아이의 흥미를 끌 수 있는 자료를 구비해서 아이 스스로 선택하여 볼 수 있도록 하는 것과 오랜 시간 시청하지 않도록 조심시키는 것뿐이었다. 결국 상웅이는 강도 높은 영어 교육이나 선행 학습 등으로 영어를 배우지 않았고 자기 스스로 재미를 느끼며 영어를 습득할 수 있었다.

10세가 되기까지 아이의 언어적인 감각을 익히기 위한 수단은 총동원되어야 한다. 그런데 그 모든 과정에 빠져서는 안 될 것이 좋은 자세와 습관을 형성해 주는 것이다. 부모가 아무리 옆에서 코치해 준다고 해도 자기 스스로 하는 것과는 비교할 수 없는 커다란 차이가 생기기 마련이다. 우리 부부의 경우 맞벌이를 하고 있었기에 상대적으로 일찌감치 상웅이에게 스스로 하는 습관을 기르도록 했다. 그것이 주효했다. 상웅이는 책을 읽어도, 비디오를 봐도 스스로 선택하는 기쁨을 누렸고 책임을 지는 아이가 되었다.

언어 감각을 익혀 나가면서 상웅이는 어느덧 고학년으로 접어들었다. 10세, 초등 4학년이 되면서 상웅이는 몰라보게 논리적으로 변해갔다. 그동안 말을 잘 듣기만 하던 아이가 부모에게 반박하는 경우가 생겨났다.

"왜 그렇게 해야만 해요?"

"그건 그런 게 아니잖아요. 정확한 이유를 말씀해 주세요."

이러한 변화에 부모가 당황해서는 안 된다. 아이들이 보통 10세가 되면 뇌구조가 논리적으로 변한다고 한다. 논리적 사고력이 급격히 발달하기 때문에 이 시기에 부모는 자녀를 존중해 줄 필요가 있다. 그리고 논리사고의 영역을 키워 줄 수 있는 수학을 비롯한 학습에 대한 코치가 필요하다. 상웅이도 그간 언어에 보인 관심이 수학으로 점점 옮겨가고 있는 것이 보였다. 그때부터 동네 수학학원을 다니며 논리적으로 생각하는 힘을 키우도록 했다.

이미 자기 세계를 형성하고 주관이 정립되기 시작한 상웅이를 보며 우리는 기초공사 마지막 단계의 대미를 어떻게 장식해 나갈 것인지 고민했다. 학습에 대한 코치보다 인생의 밑그림을 그려 주는 데에 집중했다. 문제 하나를 더 풀게 하는 것보다 자신의 인생을 어떻게 그려 나갈 것인지 옆에서 잡아 주는 일이 더 중요했기 때문이다.

우리는 상웅이와 얼굴을 대할 때마다 부모의 인생관을 이야기했고 인생에 대한 미션을 던져 주기도 하며 어렴풋한 미래 설계를 하도록 했다. 상웅이가 전부 알아듣는 것은 바라지 않았다. 다만 자신의 인생은 스스로 책임져야 한다는 사실과 그러기 위해서는 올바른 선택과 최선의 노력을 기울여야 한다는 사실만 깨달으면 되었다.

그때부터 우리 가족은 얼굴을 마주할 때마다 미래에 대해 이야기를 나누었고 밑그림을 어떻게 그려 갈 것인지 함께 고민했다. 이러한 고민과 정체성에 대해 생각한 때문일까, 상웅이는 그 흔한 사춘기도 정신적 갈등을 겪는 것이 아닌 육체적 성장통을 앓는 정도로 가볍게 넘어갔다.

자녀의 인생은 반드시 기초공사가 필요하다. 기초공사를 위해서는 좋은 습관을 형성할 수 있도록 해 주고 인생의 밑그림을 그릴 수 있도록 환경을 조성해야 한다. 그것은 아이 혼자서 할 수 있는 일이 아니며 부모의 개입이 필요한 일이다. 물론 여기서 정한 시기라는 것이 영원불변의 것은 아니지만 자녀들이 정신적 육체적 성인으로 도약하기 전에 기초공사를 해 주어야 한다는 생각에는 변함이 없다. 늦게 시작하면 공사 기간이 더 오래 걸릴 수 있다는 것을 많은 사례를 통해서 보았기 때문이다.

그래서 부모의 부지런함은 자녀를 조금 더 수월하게 크도록 한다. 부지런함은 아이를 일일이 간섭하는 것이 아닌 끊임없이 관심을 갖고 계획성 있게 옆에서 격려하는 데에서 나온다. 그렇게 될 때 부실공사 없는 탄탄한 기초공사가 완성될 수 있다.

02
아이는 자극한 만큼 성장한다

"엄마, 개미예요. 개미 좀 보세요."

"어디? 우와~ 개미가 한 마리도 아니고 떼를 지어서 가는구나."

"신기해요."

"신기해? 왜 그렇게 생각해?"

"책 속에서 보던 개미들이 살아서 움직이잖아요."

"그래서 신기하게 느꼈구나. 손바닥에 개미가 기어다니면 어떤 느낌일까?"

"간지러울 것 같아요."

"간지러워? 그럼 한번 느껴 보자."

상웅이가 유아기로 접어들면서 평일에는 엄두도 못 낼 외출을 주말이면 강행했다. 대단한 장소가 아니라도 공원이나 야산, 숲 등을 다니며 눈에 보이는 것, 손에 느껴지는 것을 함께 체험해 보도록 한 것이다. 가능하면 직접 경험해 볼 수 있도록 하자는 철칙만은 지키려 했기에 "그래 한번 해보자.""한번 해볼래?"라는 말이 늘 떠나지 않았던 것 같다. 그래서인지 상웅이는 직접 경험하고 느끼는 것을 즐겼다. 물론 그로 인해 돌발행동도 끊이지 않았지만 그것은 중요하지 않았다. 우리는 아이가 자극을 느끼는 것을 무조건 적극적으로 동조해 줄 뿐이었다.

유아기의 아이들은 자극으로 성장한다. 부모가 어느 정도로 자극을 해 주느냐에 따라 아이의 감수성 관찰력은 성장한다. 그래서 가장 감수성이 예민한 시기에는 부모의 역할이 중요한 것이다. 아이와 함께 있는 시간이 적은 우리 부부로서는 상웅이를 자극시켜 줄 수 있는 최선의 방법을 고민했다. 가장 효율적으로 자극을 줄 수 있는 방법은 무엇보다 말이었다.

상웅이와 대화하는 부분에 있어서는 엄마인 내가 적극적으로 나섰다. 아무래도 여성이 남성에 비해 구사하는 언어가 다양하고 감성적이며 스킨십도 해 줄 수 있다는 장점이 컸기에 그 부분에 있어 노력을 해야 했다.

"상웅아, 오늘은 어떤 일이 가장 재미있었어?"
"상웅아, 오늘은 하루 종일 무슨 일을 하면서 지냈어?"

지극히 일상적인 일이라도 그냥 넘어가는 법 없이 말을 걸어 주고 수다를 많이 떨었다. 모르는 사람이 보면 왜 저렇게 수다스러울까 싶을 정도로 떠들었다는 표현이 맞다. 구사할 수 있는 어휘나 설명을 일부러 최대한 사용하면서 상웅이가 알아듣든 말든 쏟아 붓자 어느 순간 상웅이의 어휘력이 확 트이기 시작하더니 생각지도 못한 표현들을 구사하기 시작했다.

초등학교 1학년 때인가 로봇을 조립해 낸 상웅이에게 어떻게 조립을 했는지 설명을 부탁했다. 그러자 상웅이 입에서 이런 설명이 흘러 나왔다.

"우선 각 부품을 분리해 내고요 설명서 안내대로 상체와 하체 부분 부품을 별도로 모아요. 그리고……."

언뜻 지나칠 수 있는 표현이었지만 구어체 표현을 쓰는 시기였음에도 상웅이는 '위쪽, 아래쪽' 대신 '하체, 상체'라는 표현을 쓰고, '떼어 내다' 대신 '분리', '따로' 대신 '별도'라는 표현을 사용하고 있었다. 설명서의 문구를 그대로 받아들임으로써 어휘를 흡수하고 그 의미까지 체험을 통해 경험하고 있었다.

또 한번은 상웅이가 초등학교 2학년 때였다. 어느 날 학교에서 아주 신이 난 채 돌아왔다. 학교 글짓기 대회에 참가해서 상장을 받은 것이었다. 사뭇 그 내용이 궁금하여 들여다보았다.

따끔따끔 손에 찔리는 밤나무
따끔따끔 주사를 맞는 것 같아.
뾰족뾰족 삐쭉삐쭉 밤나무 열매
뾰족뾰족 가시코트를 입고 있다.

정확한 내용은 떠오르지 않지만 어쨌든 밤나무 열매를 보고 '가시코트'란 어휘력을 발휘했다는 것이 놀라웠다. 그 시를 계기로 해서 초등학교 시절 몇 번 시화 작품을 만들어 교내에 걸어 두기도 했다.

어휘력은 책 읽기와 연계되어 더욱 늘었다. 책을 읽다 보면 자연스럽게 모르는 단어가 나오기 마련이고 그것의 의미를 이해하다 보면 어휘력은 쌓여 간다. 그렇게 언어적 자극을 받는 셈이다. 어렸을 때는 책 속에 나오는 다양한 어휘를 엄마의 소리를 통해 듣고 그림을 통해 보며 통째로 이해해 나갔고, 성장해 가면서는 자신이 직접 사전이나 인터넷 등을 찾아가며 이해하려고 했다. 그러다 보니 열 번도 넘게 읽은 책이 수두룩했고 수십 번 읽어 준 책도 넘쳐났다.

책을 함께 읽는 것에 더해서 상웅이에게 자극을 주는 것은 뭐든 직접 경험하고 느낄 수 있는 환경을 만들어 주었다. 말과 글이 정적인 자극이라면 동적인 자극은 바깥으로 나가는 것이기 때문이다. 이러한 자극은 정적인 자극을 통해 느꼈던 것을 직접 경험해 보는 등 사고의 확장을 도울 수 있었다. 숲으로 나가 맨땅을 걸어 보기도 하고 일부러 물총놀이를 질리도록 해 보기도 했다. "지저분해진다. 하지마라."는 표현은 절대 하지 않으며 상웅이가 자극을 느끼고 있음에 감사했다. 옷이 좀 더 러워지더라도, 발에 상처가 좀 나더라도 상웅이는 오감으로 자극을 받고 있을 것이므로 그 시간을 존중했다.

지금도 상웅이는 어릴 적 경험했던 일들을 떠올리며 이야기를 하곤 한다.

"엄마, 저는 네 살 때 놀러갔던 때가 아직도 생각나요. 장소는 기억이 잘 안 나는데 개미를 관찰하면서 가족 모두가 탄성을 지르고 즐거워했잖아요. 개미 하나 발견했을 뿐인데 한참을 얘기하고 돌아와서 책도 찾아보고 했던 일이 기억에 남아요."

아이들은 책이나 경험 등으로 자극을 받지만 부모로부터 의도적인 자극도 필요하다. 부모가 무엇을 보여 주느냐에 따라 아이들은 자극을 받는다.

03

'알보시칭'으로
자립심을 길러 준다

　상웅이가 초등학교 5학년 때의 어느 주말이었다. 가족이 함께 둘러 앉아 이야기를 나누고 있었다. 이야기의 주제가 새로운 시도에 관한 것으로 기억한다. 뭔가 시작한다는 것은 불편을 감수해야 하는 것이었기에 상웅이 아빠가 무의식적으로 이런 말을 했다.

　"굳이 꼭 해야 되나? 안 해도 되지 않을까? 귀찮고 힘들잖아. 어차피 원위치로 돌아올 걸."

　그때였다. 조용히 대화를 듣고 있던 상웅이가 정색을 하고 나섰다.

　"아빠, 어차피 죽을 건데 왜 살죠? 어차피 내려올 건데 뭐 하러 산을 오르나요?"

　"응?"

　"전에 아빠가 그렇게 말씀하셨잖아요."

순간 우리 부부는 서로 멋쩍어 하며 얼굴빛을 붉혔다. 상웅이의 그러한 태도는 우리 부부를 잠깐 당황시켰지만 결과적으로 뿌듯함을 안겨 주었다. 그간 우리가 귀가 따갑도록 말했던 스스로 시도해 보는 것에 대해 아이는 이미 체득했다는 의미였기 때문이었다.

좋은 습관과 자세 만들기는 우리 부부가 자녀 교육에 있어 최고의 목표로 삼은 지향점이었다. 습관과 자세가 형성되어야만 인생의 밑그림도 그릴 수 있고 꿈도 설계해 나갈 수 있다는 생각에서였다. 특히나 상웅이의 인생 기초공사에서 이 부분은 반드시 성공해야 하는 일이었고 어릴수록 효과를 볼 수 있으리란 확신이 있었다. 그래서 우리는 상웅이 스스로 생각하고 시도할 수 있는 습관과 자세 만들기에 전념했다.

유치원에 들어갈 무렵부터 눈물겨운 대작전이 시작되었다. 우리가 상웅이에게 제시했던 원칙 중 제일 중요한 것은 '자기일 스스로 하기'였다. 그 외에도 책 읽기와 남을 배려하는 원칙도 있었지만 스스로 할 수 있는 습관을 기르는 것이 기본이라고 여겼기에 그 점에 대해 일관되게 강조하기 시작했다.

일단 상웅이가 뭐든 스스로 해냈을 때는 과감하게 반응을 해 주었다. 나무 블록을 모아 도미노 놀이 만들기를 할 때도 가능하면 도와주는 것 없이 아이가 만들어 놓은 것에 대해 반응해 주고, 주르륵 멋지게 쓰러질 때는 힘껏 박수를 쳐 주었다. 이때 상웅이의 행동에 대해 어른의 눈으로 이해할 수 없는 것을 참아 주어야 했다.

블록으로 기차를 만들고 있던 상웅이가 갑자기 다른 놀이에 빠져 있을 때 "이거 하고 있었잖아. 왜 다른 놀이를 하지?" 등의 말이나 표정을 삼갔다. 아이는 돌출행동에 재미있어 하고 있는데 어른의 눈으로 판단히여 행동을 멈추게 하거나 유도하면 아이는 위축될 수밖에 없다. 그렇게 되면 스스로 놀이를 생각해 내고 스스로 뭔가 시도해 볼 용기를 잃게 되기 때문이다. 대신 기다려 주거나 함께 관심을 가져 주는 등 열화와 같은 반응을 보일 때 자신감을 얻은 아이는 계속해서 스스로 뭔가 만들어 내는 일을 즐기게 된다.

초등학교 1학년 무렵이 되자 상웅이는 플라스틱 로봇에 관심이 많아졌다. 로봇은 대부분 조립을 해야 하기 때문에 인내심과 사고력을 요구하는 것이다. 그러니 초보 수준의 아이가 힘들어 할 만도 했다. 물론 처음에는 아빠가 조립을 도와주었지만 그것도 오래가지 않았다.

"아빠는 잠시 화장실 갔다 올 테니 상웅이가 한번 만들어 봐."

잠시 동안 시간을 보낸 뒤 돌아오면 아까보다 조금 진척이 되어 있었다. 아이가 낑낑대며 부품 하나를 조립해 놓은 것이다.

"우와, 어떻게 알고 여기까지 조립했어? 참 잘했네. 정확히 잘했어."

폭풍 같은 칭찬이 이어지면 상웅이는 스스로 조립하는 데 흥미와 성취감을 느꼈다. 그렇게 하루 이틀이 지나면서 어느덧 자기 혼자 조립을 완성하는 수준에 다다랐다. 아마 어리다는 이유로 우리 부부가 계속 도와주었더라면 상웅이는 조립 설명서를 유심히 보지 못했을 수도 있고, 조립할 때 잘 맞지 않아 어려움을 겪을 수 있다는 사실도 깨닫지 못했을 것이다.

하지만 스스로 로봇 조립을 하다 보면 부품이 잘 맞지 않는 경우도 있고, 뾰족한 플라스틱 면에 손을 다칠 수도 있으며, 때로는 설명서에 나온 방법이 뒤바뀔 수도 있는 등 여러 돌발적인 경우를 경험하게 된 것이다. 우리 부부가 하는 일은 로봇 조립에 관심이 있는 상웅이에게 새로운 조립 로봇을 조달하는 것뿐이었다.

어느 날 퇴근해서 집으로 돌아오니 상웅이의 외할머니께서 즐거운 일이 있는 듯 싱글벙글거리고 계셨다. 상웅이가 유치원 친구에게 큰 도움을 주었기 때문이라고 했다.

"상웅이 친구가 집에 와서 로봇 조립을 같이 하고 싶어한다고 하기에 오라고 했더니, 둘이 조용히 앉아서 그걸 조립하고 있지 뭐니. 그런데 우리 상웅이가 조립하는 방법을 알려 주면서 그렇게 잘 하더라고. 알고 보니 유치원에서 상웅이가 인기가 좋댄다. 뭐든 스스로 알아서 하니까 의젓하다는 소리를 많이 듣는다고 그 친구 엄마가 그러더라."

그날 우리는 상웅이를 한껏 칭찬해 주었다. 로봇 박사가 되어 친구를 도와준 아이의 행동에 대한 칭찬과 격려를 해 주니 아이는 저절로 콧노래를 불렀다.

좋은 습관과 자세를 만들기 위해서는 '알·보·시·칭' 방법이 필요하다. 알려 주고 보여 주고 시켜 보고 칭찬해 주는 과정을 통해 자립적인 습관과 자세를 기를 수 있기 때문이다. 그러려면 먼저 목표를 작게 잡고 작은 성취에 도전하도록 하는 것이 바람직하다. 이때 처음 해 보는 일이므로 부모가 먼저 알려 주고 보여 주는 선행이 있어야 한다. 그 뒤 아이가 혼자서 해 보도록 환경을 만들어 주고 작은 것이라도 아이 스스로 해냈을 경우 구체적인 칭찬과 함께 도전하도록 격려해 주는 것이 좋다. 아이는 그러한 경험을 통해 다시 도전할 의지가 생기며 스스로 해냈다는 성취감을 온전히 느낄 수 있는 것이다.

04

동기부여로 아이의
잠재력을 이끌어 낸다

그림 그리기를 좋아하는 유치원생을 두 그룹으로 나누어 실험을 했다. 1그룹의 아이들에게는 그림을 그리면 상을 주되 많이 그릴수록 많이 주겠다고 말했고, 2그룹에는 아무 말 없이 자유롭게 그림을 그리도록 했다. 얼마 뒤 1그룹 아이들과 2그룹 아이들 모두 그린 그림의 양에 따라 상을 받았다.

일주일 뒤 다시 그림을 그리도록 했다. 이번에는 상이 없다고 통보한 뒤에 그림을 그리도록 했더니 1그룹 아이들은 예전과 비교해 적은 양의 그림을 그렸고 2그룹 아이들은 더 많은 양의 그림을 그렸다.

이 실험은 자기결정성 이론을 주창한 로체스터 대학 심리학과 에드워드 대시 교수의 실험 내용으로, 사람에게 있는 내발적 동기와 외발적 동기의 단면을 보여 준다. 실험 결과에 따르면 1그룹의 아이들에게는 외발적 동기, 즉 상을 받는다는 보상에 의해 의욕이 생겨나는 현상이 있었지만, 2그룹의 아이들은 그림을 그리는 것 자체에 대한 내발적인 동기가 일어났다. 그런데 결과적으로 2그룹 아이들의 내발적 동기가 일주일 뒤의 실험에서도 훨씬 강하게 일어남으로써 보다 더 지속성 있고 좋은 성과를 가져온다는 것을 알게 되었다.

이 실험 내용을 알게 되면서 역시 스스로 불러 일으키는 동기만큼 탁월한 것이 없다는 사실을 다시금 깨닫게 된다. 자녀들도 마찬가지이다. 어떤 일을 해야 할 때 동기가 안으로부터 일어나지 않으면 좋은 결과를 낼 수 없다. 그림을 그렸던 아이들처럼 지속적인 동기가 생기고 성취감을 맛보면 심리적인 안정감을 느낄 수 없다. 학업이건 친구를 사귀는 문제건 동기 부여는 중요하다. 그런데 자기 스스로 생각하고 시도하는 습관이 되어 있는 아이들은 동기를 부여하는 일이 쉬워진다. 물론 곁에서 부모가 프로모션해 주는 일은 반드시 필요하다.

초등학교 3학년이 된 상웅이가 책꽂이에 꽂힌 사진집을 가져온 일이 있었다. 상웅이 아빠가 고서점가를 지나다가 눈에 띄어 구입한 사진집으로 그 책에는 구한말 양반들의 생활상과 일반인들의 비참했던 생활 모습이 고스란히 담겨 있었다. 『사진으로 보는 독립운동』, 『사진으로 보는 조선시대』라는 제목의 책은 서양인들이 촬영한 사진들이 주를 이루고 있었는데 개화기의 실생활상과 외세의 개입, 일제강점기의 수탈의 역사를 담고 있었다.

"아빠, 이거 아빠가 사 오신 책이에요? 이거 우리나라에 관한 사진 같은데……."

"맞아. 너한테도 도움이 될 것 같아서 사 왔는데 같이 볼래?"

상웅이가 흥미를 갖기 시작하자 아빠는 그 기회를 놓치지 않았다. 초등학교 3학년이 된 상웅이는 학업보다는 게임이나 놀이에 더 관심이 많았기에 학업에 대한 관심이 필요한 시기였다. "공부해라."라는 말을 쓰지 않기로 철칙을 삼은 우리로서는 자연스러운 방법으로 이야기를 유도하는 것이 최선이었다. 그러던 참에 선택된 책은 좋은 매개체가 되었다.

"아빠, 옛날에 우리가 이렇게 살았어요?"

"그래. 이때가 일제강점기 시대였으니 나라를 잃었던 시기였지. 느낌이 어때?"

"무척 힘들어 보여요. 사람들 표정을 봐도 하나도 재미없는 표정에다가 옷이며 음식 모두 허접해요. 아, 그리고 이땐 더 옛날이었나 봐요. 한복을 입은 사람도 보이는 걸 보니까요. 연도도 더 앞이네요."

"조선시대 말엽의 우리나라 생활 모습이야. 당시 우리나라 사람들은 세상 돌아가는 실정도 모르고 살았기 때문에 비참하게 당했지."

"정말요? 그러면 일본은 우리보다 더 많이 알았던 거네요?"

"빙고! 일본은 우리보다 30년 먼저 외국 문물을 받아들였어. 엘리트라고 불리는 지식 있는 사람들을 서양에 보내서 적극적으로 배우게 했지. 그런데 우리는 배우려고 안 했던 거예요. 모르고 당한 거지."

"음, 왜 배우려고 안 했을까요?"

"배울 필요가 없다고 생각했을 수도 있고 의지가 없었을 수도 있지."

"그러면 누구 한 사람이라도 열심히 배우고 전해 주었다면 우리나라가 이렇게 힘들지는 않았을지도 모르겠네요."

"맞아. 많이 배우고 깨닫고 익히지 않으면 앉아서 당할 수 있어. 그래서 배우는 게 중요해. 먼저 배우고 깨달은 것을 모르는 사람들에게 알려주고 도와주어야 함께 더불어 잘살 수 있는 거야."

"아하, 그렇구나. 그래서 공부가 중요하구나."

아이가 무엇을 하고자 하는 의지, 즉 동기가 부여되기 위해서는 우선 다양한 경험이 필요하며 환경을 제공해야 한다. 책이 되었건 사건이 되었건 어떠한 매개체가 있을 때 아이는 스스로 동기를 부여하고 그것이 의지를 부채질하기 마련이다. 우리 부부 역시 상웅이의 입에서 자신이 스스로 깨달은 사실이 쏟아져 나올 때 동기를 부여시켜 주었다. 그것이 부모의 프로모션이다. 자녀교육에서 프로모션이 무엇인가, 동기를 부채질하는 것이다.

물론 책 한 권으로 상웅이가 공부의 이유를 단번에 깨우친 것은 아니다. 하지만 상웅이는 사진첩을 들여다볼 때마다 함께 나누었던 대화를 떠올렸을 것이고 부모 입에서 직접 공부하라는 말이 나오지 않아도 스스로 뭔가 깨닫고 아는 것이 자신뿐 아니라 사회적으로 얼마나 필요한 일인지 은연중에 깨달았을 것이다. 상웅이는 점점 수업에 더욱 집중하기 시작했고 그날 학교에서 배운 내용은 수업이 끝날 때까지 완벽히 이해하는 집중력을 발휘했다.

이때 공부에 대한 인식을 바꿀 필요가 있다. 공부를 해 나가는 과정은 점잇기처럼 아무 연관성이 없을 것 같은 점들을 연결해서 하나의 모양을 만드는 것이라고 생각한다. 각 점들은 직간접 체험과 생각하는 힘을 통해 본 상상의 세계들로, 그 점들이 많이 배치되어 있을수록 그림을 만들어 나가기 쉽다. 그러므로 부모가 아이에게 학습 동기를 부여하기 위해서는 공부를 왜 해야 하는지 이유를 알게 해 주어야 하며, 다양한 경험과 연계시켜 자연스럽게 공부할 수 있도록 해 주어야 한다.

학업뿐만 아니라 상웅이가 관심을 갖고 흥미를 느끼는 분야가 생기면 우리 부부는 프로모션에 나섰다. 상웅이는 워낙 어렸을 때부터 컴퓨터를 통해 놀이와 공부를 했던 터라 유난히 게임에 관심이 많았다. 특히 부모와 함께 있는 시간이 많지 않았던 상웅이는 혼자 있는 시간에 컴퓨터 게임을 하며 한나절을 보내기도 했는데, 상웅이의 외할머니는 그런 모습을 무척 안타까워하셨다. 그러나 우리의 생각은 좀 달랐다. 아이가 관심과 호기심을 갖는 것, 그것을 통해 얻어지는 것이 분명히 있을 것이라 생각했다.

"상웅아, 우리가 보기에 이 교육용 게임은 굉장한 것 같아."

"그래요? 왜요?"

"우선 재미있게 즐기면서 할 수 있어서 좋고, 이게 도시건설을 하는 게임이잖아. 그러니 상수도, 하수도, 건물배치, 인허가, 동선안배 등등 건설할 때 필요한 모든 것을 살펴볼 수 있는 것 같은데?"

"상수도? 하수도? 동선? 그게 다 뭐죠?"

"게임을 해 보면 알 수 있지 않을까? 우와! 우리 상웅이가 도시건설자가 돼 보는 거야. 아빠 엄마한테도 튼튼하고 멋진 건물을 선물해 줘."

"알았어요."

상웅이는 신이 나서 게임의 세계로 빠져들었다. 단순히 게임에 빠져드는 것이 아니라 내용을 이해하고 진행 과정까지 익히며 건설자가 되어 보는 것이다. 실제로 상웅이는 새로운 게임을 통해 많은 배경 지식을 갖게 되었다. 미래 세계에 관한 게임이면 우주 과학 분야에 대해, 전쟁에 관한 게임이면 역사와 전쟁에 대해 배경 지식이 넓어지자 게임을 다각도로 즐기는 아이가 될 수 있었다. 그렇다 보니 친구들에게도 자신이 하는 게임에 대해 설명해 줄 수 있는 실력이 되고 대학생 형님들과도 대화를 나누고 겨룰 정도의 해박한 게임 마니아가 되었다.

우리 부부는 게임하는 상웅이에게 계속적으로 프로모션을 해 주었다. 게임을 해 보기만 할 것이 아니라 직접 만들어 보면 어떨지, 게임을 개발하려면 프로그래밍을 알아야 하니 수학에 대해 연구해 보면 어떨지 등 동기부여를 한 결과 상웅이는 자신이 좋아하는 분야에서 점점 확실한 목표의식을 갖게 되었다.

초등학교 3~4학년은 유아에서 사춘기의 중간 지점에 있는 시기이다. 이 시기는 아이의 가치관을 세우는 데 직접적인 영향을 미칠 수 있는 최적의 시기이기도 하다. 상웅이 역시 이 시기가 되니 부모의 말에 더욱 귀를 기울였다.

혼자 꿈을 꾸고 막연한 동경심을 갖기도 하며 호기심에 밤새워 상상하며 잠을 설치는 등 자유로운 시기이므로 부모는 자녀에게 학습에 대한 동기를 부여하기 수월해진다. 이때 아이가 관심을 갖는 분야에서 목표를 찾을 수 있도록 도와주어야 한다. 관심을 갖는 분야에서 뭔가 목표점을 찾는다는 것은 아이 스스로 자신의 행위의 원천이 되고 싶어 하는 자율성의 욕구, 자신을 둘러싼 환경에 관여하여 유능감을 느끼고 싶은 유능감의 욕구, 다른 사람들과 연결되고 싶다는 관계성의 욕구 등 내발적인 동기를 가져오는 세 가지 심리적 욕구를 충족할 수 있기 때문이다.

확실한 동기가 부여될 때 누구나 잠재력을 발휘한다. 아이 역시 마찬가지이다. 몸 안에 성냥갑을 하나씩 가지고 태어나지만 혼자서는 불을 댕길 수 없다. 산소와 촛불의 도움이 필요하다. 부모는 아이의 성냥에 불을 댕겨 줄 것이 무엇인지 관찰하고 동기를 부여해 주어야 한다. 그래야 그것과 성냥이 만나 아름다운 불꽃을 일으킬 수 있다.

05
칭찬으로 아이에게
자신감을 선물한다

"이건 뭐야?"

"내가 만든 비행기! 이건 다리고 여기는 자동차, 이건 자전건데 꼬마가 자전거 타고 있어요."

"그으래? 와! 정말 꼬마가 자전거를 타고 있는 것 같네. 꼭 상웅이가 타는 것 같다. 그리고 이 자동차는 우리집 자동차보다 훨씬 멋져."

"정말? 그렇게 멋져요?"

"그러엄, 정말 멋진 작품을 만들었네. 우리 아들 정말 대단해."

상웅이의 입은 벌써 귀에 가서 걸려 있다. 평소에는 그리 호들갑을 떠는 성격이 아닌 부모가 자신에게 거품을 물고 칭찬을 해 대니 아이도 기분이 좋아졌나 보다.

아이를 향한 칭찬은 말 그대로 거품 물고 하자는 것이 우리 부부의 생각이었다. 칭찬은 고래도 춤추게 한다는 말이 이젠 상투적인 표현이 될 정도로 칭찬의 위력에 대해 누구나 알고 있다. 특히 부모와 자녀 사이에서 벌어지는 칭찬의 중요성은 누구나 알고 있지만 그 본질적인 의미가 퇴색된 경우도 많다. 로봇을 조립해 온 아이의 결과물을 보지도 않고 "응, 잘했네." 말로만 칭찬을 하기도 하고, 결과물이 좀 신통치 않을 때 "잘했네. 그런데……." 하고 토를 달기도 한다.

상웅이를 키우면서 느낀 것인데 칭찬은 칭찬으로 끝나야 아이는 성취감을 충만하게 느낄 수 있다. 또 다른 보상이나 행동을 요구한다거나 구체적이지 않은 칭찬은 별로 효과가 없다. 다음에는 더 잘하자고 하거나, 그저 무심결에 흘러가는 칭찬은 아이를 더욱 쓸쓸하게 할 수 있다.

자녀 양육의 허와 실에 대해 신랄하게 적은 『양육 쇼크』에 보면, 무분별한 칭찬이 오히려 아이들에게 독이 될 수 있다고 말한다. 실제로 스탠퍼드 대학의 캐롤 드웩 교수가 학생들을 대상으로 퍼즐을 푸는 실험을 진행하는데, 첫 번째 시험과 두 번째 시험 사이에 학생들에게 두 가지를 선택하게 했다고 한다. 즉 하나는 다음 시험에 대비한 퍼즐 풀기 전략을 배우는 것이고, 또 하나는 첫 번째 시험의 등수를 보는 것이다. 그런데 이때 지능에 대해 칭찬을 받은 학생들은 다음 시험에 대비하기보다 첫 번째 시험 등수를 알고 싶어 했다.

또 다른 실험도 했다. 그 연구에서는 학생들에게 시험 결과 성적표를 직접 작성토록 하면서 다른 학교 학생들에게 보여 줄 것이란 말을 덧붙였다. 이때 지능에 대해 칭찬받은 학생들 가운데 40%가 자신의 점수를 부풀리는 거짓말을 했지만, 노력에 대해 칭찬을 받은 학생은 거짓말을 하지 않았다고 한다.

이 실험 결과는 많은 것들을 시사하고 있다. 그만큼 아이들은 노력에 대한 칭찬, 구체적인 칭찬에 목말라 있다는 것이다. 상웅이를 키우면서 칭찬의 잘못된 늪에 빠지지 않도록 우리 부부는 특별히 신경을 썼던 것 같다. 그래서 상웅이가 노력하는 모습, 뭔가 해내는 모습, 깊이 생각하는 모습 등을 발견할 때마다 아낌없는 칭찬을 해 주었다. 풍부한 표정과 상대방을 우러르는 말투, 즉 제3의 언어를 동원해 가면서.

한번은 상웅이가 유치원에서 공개수업을 했다. 아이들은 평소보다 들떠 있었다. 엄마, 아빠를 비롯한 가족이 함께 한다는 든든함 때문인지 수업 장소가 들썩거렸다. 아이들은 저마다 선생님 말씀이 끝나기도 전에 서로 발표를 한다며 야단이 났다. 우리 부부도 그들 틈에 서서 상웅이를 지켜보는데 아이가 너무 조용했다. 다른 아이들은 "저요. 저요."를 외치며 손을 들기도 하고 엉덩이를 들썩거리기도 하고 급기야 의자 위로 올라가기도 했지만 상웅이는 얌전히 그 자리에 앉아 있었다. 수업을 마치고 상웅이를 만났을 때 그 이유를 물어봤다.

"엄마! 우리 선생님은 그렇게 '저요 저요' 난리치는 걸 좋아하지 않으세요."

"어, 그래? 그런 깊은 뜻이 있었어?"

솔직히 그때 조금 놀랐다. 애어른이 따로 없었다. 유치원에 다니는 아이가 주위 상황을 배려하고 자제한다는 것이 쉬운 일이 아닐 것이기 때문이다.

"와! 우리 상웅이 속이 무척 깊구나. 우리 아들, 정말 대단하다."

진심 어린 감탄을 해 주자 쑥스러워하면서도 무척 좋아했다. 상웅이는 그 뒤로도 어른들을 배려할 줄 아는 아이로 자랐다. 외할머니와 외갓집 식구들과 늘 함께 있어서 그런지 늘상 자신보다 윗사람을 대할 때 예의를 지켰고 배려할 줄 아는 아이였다.

아이에 대한 칭찬 거리는 하루에도 셀 수 없이 많다. 열 개 중에 나쁜 점 하나를 볼 것인지 아홉 개의 좋은 점을 볼지는 부모의 마음에 달려 있다. 우리 부부는 그 아홉 개의 좋은 점을 발견하는 데 시간을 쏟았다. 그러다 보니 상웅이가 관심 있어 하는 부분에 대해, 생각에 대해 절대로 부정적인 표현은 쓰지 않았다.

"그래? 그게 관심이 있어? 어떤 건지 먼저 설명을 해 줄래?"

"와! 대단하다."

아이가 해 놓은 부분에 대해서는 조금 과장되더라도 칭찬을 했다. 게임을 하면서 아이템을 많이 획득했단 말에도 칭찬하고, 책을 읽다가 어떤 상상을 했다는 말에도 칭찬하고, 아이의 생각과 말을 들어주면서 가능하면 칭찬으로 격려해 주니 아이는 자신감이 충만해졌다.

칭찬은 자녀들이 일생을 살면서 중요하게 작용할 자신감을 선물한다. 할 수 있다는 생각이 자신을 지배할 때 잠재력은 빛을 발한다. 칭찬이 고래도 춤추게 하듯 칭찬은 우리 자녀들을 춤추게 만든다. 그런데 그 칭찬의 효과는 인생의 기초공사를 할 때 충족되어야 효과를 누릴 수 있다. 이미 다 커 버린 뒤에, 생각이 다 자란 뒤에는 칭찬을 고깝게 여길 수도 있다. 아니 수십 배의 칭찬 노력이 필요할 수도 있다. 그러나 아이가 성장하는 시기에 생각과 마음이 커질 때 부모의 칭찬, 즉 믿어 주고 밀어 주는 마음을 경험하면 아이는 자신감이 충만해서 뭐든지 할 수 있는 아이로 클 가능성이 크다.

06

인성교육이 아이의 인맥을 결정한다

상웅이는 많은 사람들 틈에서 자랐다. 주로 외할머니께서 아이를 돌보셨지만 외할머니 댁에는 외갓집 가족들이 많았고 늘 손님들이 다녀가곤 했다. 자기 또래는 아니었지만 여러 사람들 틈에서 살아간다는 것은 그만큼 사회성이 높아진다는 의미도 된다. 그래서인지 상웅이는 어릴 때부터 예의바르다는 이야기를 많이 듣고 자랐다. 그 부분은 우리 부부가 상웅이의 인생 기초공사에 있어 관심 분야의 동기부여와 더불어 중요하게 생각했던 에디피케이션(Edification)의 결과이기도 하다.

에디피케이션이란 단어는 뉘앙스로는 '교화할 수 있는 칭찬과 격려' 정도로 볼 수 있다. 넓은 의미로 보자면 서로 세워 주고 강하게 해 주고 지원해 주는 것으로, 상웅이를 비롯한 그 아이를 둘러싼 주변 인물까지 세워 주는 작업을 이어갔다. 엄마, 아빠가 아이의 인생 선배로서 깨달았던 점을 에디피케이션을 통해 알게 해 주고 싶은 마음이었다. 사회인으로 잘 살아간다는 것은 결국 인간관계의 문제였다. 사람과의 관계를 어떻게 해 나가느냐에 따라 승패가 갈린다고 해도 무방할 정도이다. 인간관계를 연구하는 이들이 인간관계에 성공하기 위해서는 그 어떤 원칙보다 에디피케이션을 강조하는 것도 그런 이유 때문이다.

상웅이도 그러한 사실을 알아둘 필요가 있었다. 좋은 사회성은 어릴 때부터 길러져야 한다는 게 우리 부부의 생각이고 곧 아이의 인성과도 연결이 되기 때문이다. 그래서 우리는 상웅이 자신을 비롯하여 상웅이와 관계된 이들을 세워 주는 일들을 시작했다. 먼저 일상생활 속에서 아이를 세워 주는 일들은 계속 이어졌다.

"가만히 보니까 상웅이는 전체를 보는 안목이 뛰어난 것 같아. 그건 정말 대단한 거야. 게임하는 걸 보면 한 가지 장면에만 신경쓰는 게 아니라 전체를 이해하고 진행하고 있잖아. 그렇게 전체를 보는 안목은 탁월한 능력이거든. 전체를 본다는 건 우선 이해력이 높아지고 각각의 사안에 대해서도 잘 판단할 수 있다는 걸 말해."

"상웅이 넌 원래 지능이 뛰어나. 개발하지 않아서 모르는 것뿐이에요. 지난번 잡지에서 나온 퍼즐 문제를 혼자 풀었잖아. 엄마 아빠도 생각이 나지 않아서 헤매고 있는데 너는 골똘히 생각해서 풀어 냈잖아. 그게 굉장한 거라고."

아이를 세워 주면 아이는 유능감에 젖는다. 우수한 차이점을 사례를 통해 이야기해 주면 아이는 자신의 이미지를 높이고 내적인 자신감이 높아지기 때문이다.

물론 상웅이에 대한 에디피케이션은 매순간 이루어지면서 주변 인물에 대한 격려도 놓치지 않았다. 특히 초등학교에 들어가면서 상웅이가 많은 시간을 보내게 될 교실에서 겪어야 할 인간관계는 매우 중요하다. 선생님과의 관계에서 친구들과의 관계까지 사람들 틈에서 살아가야 하므로 그 안에서 사회성을 바르게 길러야 한다. 이때 주변 사람에 대해 에디피케이션하는 것은 관계 개선에 대단한 자산이 된다.

엄마 아빠 모두 직장생활을 하기 때문에 학교에 자주 찾아가지는 못했지만 학기 초 방문수업이나 상담이 있을 때면 빠지지 않고 가 보았다. 그때 선생님과 대화를 나누고 온 뒤 선생님에 대한 에디피케이션을 하는 것이다.

"상웅아, 이번 학기는 운이 정말 좋은 것 같아. 선생님께서 인품이 있으시고 교육에 대한 열정도 대단하시던데. 게다가 상웅이를 무척 믿음직스럽게 보고 계셨어."

"선생님은 무엇을 가르치는 분이기 전에 인생의 선배이기도 해. 선배로서 분명히 배울 점이 있지. 그런 분이 상웅이를 가르치시니 잘 경청했으면 좋겠어."

학교에서 가장 가까운 관계를 유지해야 할 선생님을 세워 주는 일은 아이로 하여금 신뢰감을 갖게 하면서 학교생활도 즐겁게 만들 수 있다. 아마 초등학교 시절부터 고등학교 시절까지 이러한 작업은 계속 이어졌는데 물론 그 와중에 상웅이와 마찰이 있었던 선생님도 있기는 했지만 대부분의 선생님에게 예의와 존중하는 마음을 잃지 않았다.

주변 사람을 세워 주는 일은 친구관계에서도 필요하다. 상웅이는 집에서는 그리 말이 많지 않은 편이지만 밖에 나가서는 꽤 활발한 편이다. 들리는 소문에 의하면 친구들 사이에서 인기가 많고 날마다 어떤 재밌는 일을 할까 고민하는 친구라는 것이다. 그런 말들이 우리 부부에게는 낯선 기분도 들게 하지만 또래 친구들 사이에서 잘 지낸다는 것은 무척 다행한 일이다. 생각해 보니 친구들에 대한 상웅이의 믿음과 배려가 있기 때문이 아닐까 짐작해 본다.

주변 사람에 대해 에디피케이션을 강조하면서도 우리 부부가 빼놓지 않았던 것은 친구에 대한 존중이었다. 배움이라는 것은 세상 어떤 누구에게도 얻을 수 있다. 직업과 사회적 지위를 떠나 누구에게나 배울 점이 있기 마련이라는 것이 우리 부부의 지론인지라, 특히 친구들 사이에서도 배울 점이 많다는 것을 강조했다.

"상웅아, 친구들한테도 배울 게 있으면 배우는 거야. 그건 창피한 게 아니야. 모르면 모른다고 당당하게 말할 수 있는 게 용기고, 겸손하게 알려줄 수 있는 것도 용기지."

"상웅아, 그 친구는 참 성격이 밝더라. 너랑 참 잘 맞는 것 같았어."

"그 친구 인사성이 밝더라. 너도 인사를 참 잘하는데 둘이 쌍으로 인사하니까 보기가 무척 좋았어."

이렇게 친구들에 대한 긍정적인 피드백은 상웅이로 하여금 친구들을 무한신뢰하게 하는 힘이 되었다. 그래서인지 초등학교 시절부터 상웅이는 친구들에게 뭔가 도움을 줄 수 있는 것을 찾아다녔고 친구들에게 스스럼없이 다가서며 배우는 것도 주저하지 않았다. 고맙게도 학교생활을 시작하면서 친구에 대한 나쁜 감정을 표현한 적이 거의 없었다. 물론 부모 앞에서 말하지 않은 부분도 있을 수 있겠지만 우리가 본 상웅이는 친구들을 몰고 집으로 데려왔고, 친구들을 재밌게 해 주기 위해 노력했다.

상웅이를 위한 에디피케이션은 굉장한 효과를 나타냈다. 먼저 사람을 존중할 줄 알고 주변 사람을 배려할 줄 아는 따뜻한 심성을 다져 주었다. 그러한 심성이 바탕이 되어 과속 스캔들을 일으켰고 아이의 최종적인 삶의 방향이 남에게 베풀어 줄 수 있는 삶이 되었다. 지금도 상웅이는 휴대폰으로 안부를 챙기는 자신만의 인적 네트워크가 상당하다. 문자로 안부를 챙긴다는 것이 결코 쉬운 일이 아님을 잘 알기에 바쁜 가운데에서도 챙길 것은 챙기는 상웅이가 자랑스럽다.

자기만 아는 이기적인 아이가 되기보다 남을 배려할 줄 아는 아이가 되는 것이 더 낫다. 초등시절 배려와 존중이란 인성을 갖추지 못하면 공부해서 남 주냐며 부르짖는 이기적인 사람이 되기 십상이기 때문이다. 인성이 갖춰진 아이는 동기와 목표만 확실해지면 무안한 힘을 발휘할 수 있다.

그러므로 자녀들의 인생 기초공사를 함에 있어서 에디피케이션이 필요하다. 그것은 자녀를 높이는 동시에 주변 사람들을 세워 주는 인성교육의 첫걸음이 될 수 있다.

[상웅이 아빠의
못 말리는 영어 사랑]

예전부터 언어에 대해 관심이 많았던 나는 이젠 상웅이가 아니라 다른 아이들의 언어 발달을 도와주는 일을 하게 되었다. 지금까지 어떻게 하면 영어란 언어를 좀 더 자연스럽게 습득할 수 있을지 고민하면서 터득한 학습 원칙을 여기에서 소개하고 싶다.

먼저 자녀의 언어 발달 상황에 대해 이해하고 있어야 한다. 두뇌과학 분야에서는 사람은 태어나 청각 기능이 발달했다가 12세를 전후해 사춘기를 계기로 능력이 쇠퇴한다고 한다. 그러므로 이 시기에 어떤 언어 환경에 노출되느냐가 무척 중요하다. 만약 이 시기에 영어를 모국어처럼 습득할 수 있게 하려면 12세까지 짜임새 있게 영어에 노출되도록 하는 것이 좋다. 먼저 가장 적절한 시기는 제1언어(모국어)의 습득이 마무리되는 6~7세 전후이다.

6~7세 아이가 다른 언어에 관심을 보이기 시작하는 시기가 되면 먼저 소리를 접할 수 있도록 해 준다. 영어 소리를 접하고 느낄 수 있는 환경, 마치 조기 유학을 보내는 원리와 같다. 집 밖이 한국이고 집 안이 미국이란 개념을 적용시키는 것이다. 그 시기 우리 집에서도 영어 소리가

TV, DVD, CD 등을 통해 끊임없이 흘러 나왔다.

이때 아이가 재미있게 영어 소리와 문화를 접할 수 있게 하는 가장 쉬운 방법은 영어로 된 만화영화를 보게 하는 것이다. 하루 1시간 이내 볼 수 있도록 하되 따로 문자를 가르치는 것은 금물이다. 우리말을 배우듯 소리 영어부터 풍부하게 접하도록 한다. 처음 만화영화를 볼 때는 뜻을 이해하지 못하지만 보는 횟수가 지날수록 장면을 추론하여 의미를 파악해 간다. 얼마나 자연스럽고 실감나게 기억하느냐가 영어 감각을 갖추는 데 가장 중요하다. 그러므로 마치 영화의 한 장면처럼 관련된 상황과 영어를 연관시켜 기억할 수 있도록 하는 것이 좋다.

그렇게 영어 감각을 갖추게 되었을 때 배우는 공부 방식의 학습 단계로 올라가도록 해 준다. 배워야 할 시기에 그냥 방치해 두고 있으면 그저 생활 영어에서 그치게 된다. 하지만 아이들은 이제 '말하고 표현하는 시대'에 살아간다. 자신의 생각과 의견을 논리적으로 표현해야 하므로 배우는 영어도 꼭 필요하다. 그러나 소리와 의미에 대한 감각이 어느 정도 준비가 되었을 때 배우는 영어 단계로 올라가야 한다.

언어는 습득이다. 만 12세, 즉 초등학교 시절 영어의 언어적 습득이 어느 정도 완성이 되어야 한다. 그러려면 제일 먼저 필요한 것이 다양한 소리 환경에 노출되는 것이며, 그 뒤에는 소리와 장면을 연결시키며 의미를 추론하는 등의 영어 감각 높이기 과정을 지나야 한다. 그리고 생각을 바르게 표현하는 것을 배우는 단계로 진입해야 한다.

"음, 왜 게임 동아리를 만들고 싶은지 말해 줄래?"
"친구들에게 좋은 게임을 알리고 싶어요. 요즘 제가 하고 있는 게임은 교육적으로도 문제가 될 게 없고 많은 경우의 수를 생각해 볼 수 있기 때문에 두뇌 개발에도 도움이 되거든요. 그리고 게임에 대한 정보와 소식도 친구들에게 알려주면 도움을 줄 수 있잖아요."
"정말 좋은 생각이다. 네가 게임만 연구하는 게 아니라 게임으로 좋은 영향을 주겠다는 생각이 정말 대단해. 한번 시도해 봐."

-중학교 1학년이 된 어느 날

●● PART 3 ●●

상웅이네 공부법 1단계

아이가 사춘기에 접어들기 전에 인생의 큰 그림을 그려 주어라

01

꿈이 없는
친구들이 이상해요

"애들이 꿈이 없어요."

"으응? 그게 무슨 말이니?"

"우리 친구들 말이에요. 꿈에 대해 이야기하는데 없다는 거예요. 그래도 한번 생각해 보라니까 학원 강사가 꿈이래요. 어떻게 그럴 수가 있죠? 어떻게 고등학생이나 되었는데 꿈이 없을 수 있죠?"

어느 주말 학교에서 집으로 돌아온 상웅이가 탄식하며 내뱉은 말이다. 상웅이로서는 도저히 이해가 되지 않았을 법도 했다. 초등학교 시절부터 꿈에 대해 생각하고 말하고 설계해 왔던 터라 꿈이 없다는 것, '꿈=직업'이란 단순한 공식이 이해가 되지 않았던 것이다.

"그래? 그런데 누군가 곁에서 꿈 설계를 도와주지 않아서 그럴 수도 있어. 아마 지금까지 보고 들은 것이 학원 강사라서 그런가 보다. 네가 친구에게 도움을 줄 수도 있을 것 같은데."

　주말에야 집으로 돌아온 상웅이와 우리는 그날 저녁시간 내내 꿈에 대해 많은 이야기를 나눈 기억이 난다.

　꿈은 사람의 삶에 등대와도 같은 역할을 한다. 얼마나 꿈이 중요하면 꿈이 없는 백성은 망한다는 성경 구절도 있겠는가. 어른이 되고 부모가 되어 보니 꾸준히 꿈을 좇아온 삶과 그렇지 않은 삶의 차이를 확연히 알 수 있다. 삶의 방향을 잡고 가는 사람은 목표가 분명하기 때문에 어떠한 선택을 해도 신념과 열정을 바친다. 또한 꿈을 품은 시기가 오래될수록 위력이 더해진다는 진리도 알 수 있었다.

　우리 부부는 부모됨을 고민하는 시간에서도 아이의 꿈을 어떻게 찾아줄 것인지 어떤 삶을 꿈꾸게 해 줄 것인지 생각했다. 우리가 이렇듯 '꿈 디자인하기(Dream building)'에 열중했던 이유가 있었다. 학년이 올라갈수록 공부하는 이유에 대해 스스로 정립하고 있지 않으면 집중할 수 없듯, 삶에 있어서도 꿈이 없으면 공부를 포함한 모든 삶에 집중하기 어렵기 때문이다. 이것은 먼저 인생을 경험한 선배들의 뼈아픈 경험담이기도 했다. 그것을 알고 있기에 아이 때부터 꿈을 설계하도록 부모가 도와주는 일이 중요했다.

　우리는 아이가 어릴 때부터 이해를 하건 하지 못하건 상관없이 꿈에 대한 말을 해 주었다. 참으로 다행인 것은 어린 나이였음에도 상웅이는 부모가 하는 말에 귀를 잘 기울였다. 그런 모습을 볼 때면 아낌없이 칭찬을 해 주었고 그러한 칭찬이 상웅이로 하여금 말을 잘 듣도록 이끌었던 것 같다. 상웅이가 들을 준비가 되었을 때부터 꿈에 대해 이야기를 꺼냈다. 꿈이라고 해서 거창한 것이 아니다. 아이가 궁극적으로 하고 싶은 것이 무엇인지 그 욕구를 발견하고 그것을 통해서 어떤 사람이 될 수 있는지 그리는 것이 꿈이라고 생각했다.

"상웅이는 나중에 어떤 집에서 살고 싶어?"

"커서 무엇을 갖고 싶어?"

"하루 종일 놀라고 하면 무엇을 하고 놀고 싶어?"

상웅이는 그럴 때마다 자신이 원하는 사항에 대해 대답했다. 초등학교 들어가기 전에는 로봇 조립에 목숨을 걸고 있던 터라 로봇 과학자라는 꿈을 꾸었고, 초등학교 시절에는 게임에 빠져 있던 터라 게임 기획자, 게임 회사 사장을 꿈꿨다. 물론 자신의 관심사에 따라 꿈의 모습도 변화되었지만 그것은 중요한 일이 아니었다. 뭔가 관심 분야에 푹 빠져 그것에 관련된 꿈을 설계해 나가는 것은 아이를 들뜨게 만들기 때문이다.

아이 하나를 잘 키우기 위해서는 마을 전체의 협력이 필요하다는 말이 있다. 그 말에 전적으로 동의한다. 상웅이와 함께 꿈 설계를 해 나가면서 우리 가족은 모두가 협력자가 되기로 작정했다. 상웅이의 꿈을 상기시켜 주며 상웅이와 꿈에 대해 이야기 나누는 것을 주저하지 않았다.

초등학교 5학년 시절, 하루는 방문을 열고 나온 상웅이가 대뜸 이런 말을 던졌다.

"엄마 아빠, 저는 이담에 적어도 1만 명을 도와줄 수 있는 사람이 될래요."

그 말을 듣고 우리는 무척 흐뭇했다. 흔히들 아이들 입에서 나오는 꿈인 직업의 개념이 아닌 인생의 방향, 인생의 큰 그림을 그릴 줄 아는 아이가 되어가고 있다는 사실에서였다. 물론 그 이야기가 나오기까지 우리 부부는 아이와 열심히 대화했다.

"천재 한 사람이 1만 명을 먹여 살린다는 말이 있어. 그만큼 한 사람의 위대한 생각이 많은 사람을 살릴 수 있다는 말이지. 아마 상웅이가 컸을 때는 더욱 그럴 거야."

"그러려면 많이 배워야겠네요."

"그렇지. 하지만 하루아침에 안 되는 일인 거 알지? 그래서 일생동안 매일매일 최선을 다하는 게 중요해."

상웅이는 그 말을 귀담아 듣고 혼자 무슨 생각을 그리 하는지 자기 방으로 들어가 한참을 있다가 나왔다. 아마 모르긴 해도 어떻게 살 것인가, 어떤 사람이 될 것인지 스스로 생각을 정리하고 나온 듯 보였다. 그리고 세상을 향해 던진 꿈의 메시지였다.

적어도 1만 명에게 도움을 줄 수 있는 사람, 상웅이는 그러한 꿈을 일찍부터 꾸게 되었다. 사명감도 느끼는 듯 보였다. 신나게 놀면서도, 신나게 게임을 하면서도 상웅이가 이 꿈을 아직까지 꾸게 된 것은 어린 시절부터 꿈을 설계해 나갔던 밑받침이 있었기 때문이었다.

꿈이 없는 것이 오히려 이상하게 느껴졌을 상웅이, 그 아이에게 있어 꿈을 꾸는 일은 당연한 일이었다. 그리고 결국 꿈을 향해 부지런히 달려가고 있다.

02

게임으로 자신의 꿈을 찾은 아이

"얘, 상웅이가 너무 많이 게임하는 거 아니니? 내가 곁에서 지켜보기가 겁이 난다. 너희가 어떻게 좀 해 봐라."

급기야 외할머니는 직장에 있는 우리 부부에게 자주 SOS를 쳤다.

초등학교 시절 내내 상웅이는 게임에 빠져 살았다. 초등학교 6년간 써놓은 일기 10권이 대부분 게임에 관한 내용이거나 그와 관련된 제목이라는 것을 봐도 알 수 있듯이 그만큼 게임을 좋아했다. 그 당시 상웅이의 최고 관심사는 게임이었기 때문에 어떤 이야기든 게임과 연관된 대답이 돌아왔다. 주 양육자가 되셨던 외할머니는 크게 걱정하셨지만 우리 부부는 오히려 그것이 기회라고 생각했다.

"상웅아, 하루종일 놀라고 하면 뭐하고 싶어?"

"컴퓨터 게임이요."

"그래? 맞아 상웅이 보니까 정말 컴퓨터 게임을 좋아하는 것 같아. 그리고 앞으로 너희가 살아가는 시대는 컴퓨터 세상이기 때문에 꼭 알아야 하는 부분이기도 해. 그럼 이왕이면 게임 박사가 되어보는 건 어떨까?"

"게임 박사요? 그게 뭐예요?"

"게임에 대해서 뭐든 척척 아는 박사."

"우와, 그럼 정말 좋겠다."

"너는 될 수 있어. 게임에 대해 잘 알게 되면 원하는 게임도 개발할 수 있고."

"게임 만드는 사람도 좋을 거 같아요."

상웅이는 점점 자신이 되고 싶어 하는 모습을 그려나가기 시작했다. 아마도 그것이 처음으로 자신의 꿈을 구체적으로 그린 사건이 되었을 것이다. 우리 부부는 적극적으로 꿈을 돕기로 했다. 우선 게임의 동향을 파악할 수 있는 게임 잡지를 구독하도록 권유했다. 잡지를 본 상웅이는 하루가 다르게 변화해 갔다.

"엄마, 이 게임은요. 만들어지게 된 역사가 있어요."

"아빠, 앞으로는 게임의 흐름이 바뀔 것 같아요."

잡지를 건네주며 적어도 몇 번은 정독을 해서 완전히 자신의 정보로 습득하라는 조언대로 상웅이는 오로지 게임만 하는 아이에서 게임에 대해 탐구하는 아이로 변했다. 하루에도 수십 가지의 정보를 알게 된 아이는 더욱 컴퓨터 게임의 세계에 깊숙이 빠졌고, 그럴수록 외할머니의 탄식 소리는 깊어만 갔다.

"어머니, 아이들이 관심을 갖는 컴퓨터 분야는 앞으로 애들이 살아갈 시대에 필수적인 분야예요. 컴퓨터 게임도 그중 하나고요. 상웅이가 관심 있어 하는 부분이기 때문에 푹 빠져 봐야 그 맛을 알 수 있다고 생각해요. 대신 걱정하시지 않도록 규칙은 정해 놓되 아이가 충분히 즐길 수 있도록 해 주세요."

작지 않은 양육관의 차이를 극복하면서도 우리 부부는 상웅이가 첫 번째 갖게 된 꿈을 독려했다. 게임 잡지가 나올 때면 함께 서점으로 달려가서 잡지를 구입했고 새로운 게임 CD가 출시된다는 소식에 가슴 설레며 기다렸다가 뜨끈뜨끈한 CD를 사 왔다. 하루 2시간, 해야 할 일 해 놓기, 게임을 하되 탐구하고 연구하면서 하는 것이 우리 부부가 내건 조건이었다. 물론 상웅이가 그 시간을 매일 지켰으리라고 생각하진 않지만 믿어 주었다. 의심하는 순간 부모와 자녀와의 신뢰가 깨지기 때문이다. 하지만 연구하고 탐구하는 자세에 대해서는 물러서지 않았다.

"게임은 잘되니?"

"네, 오늘은 이 게임을 했는데요. 다른 것보다 특별했어요. 그런데 책이 필요해요."

"책? 무슨 책?"

"게임 이론서인데요. 보고 싶어서요."

"이론서라면 쉽지 않을 텐데 볼 수 있겠어?"

"노력해 볼게요."

어른이 보기에도 두꺼운 이론서를 상웅이는 척 구입했다. 그것을 다 읽었는지 확인할 길은 없었지만 끙끙대며 페이지를 넘기는 모습에서 좋아하는 일에 푹 빠진다는 것이 얼마나 큰 동기 부여가 되는지 다시 한 번 느끼게 되었다. 그 덕분에 우리 부부도 게임에 대해 웬만큼 지식(?)을 쌓게 되었는데, 상웅이는 해박한 지식과 정보로 친구들에게 인기를 독차지하게 되었다.

그것은 대단한 성과였다. 게임 기획자가 되겠다는 상웅이의 꿈 설계가 구체화되었고 노력이 이어졌으며 열정을 뿜어내는 경험을 하고 있었기 때문이다. 그 뒤 상웅이가 과학고를 목표로 공부하게 되면서도 게임에 대해 품었던 꿈은 중학생 시절까지도 이어졌다. 한편으로는 공부에, 또 한편으로는 게임에 발을 들여놓고 있었지만 제지하고 싶은 마음은 없었기에 스스로 판단하도록 놓아두었다.

중학교 1학년이 된 어느 날 상웅이는 아빠에게 고민을 털어 놓았다.

"아빠, 고민이 하나 있는데요."

"고민? 무슨 고민인데?"

"학교에 게임 동아리를 만들고 싶어요."

"게임 동아리를 만드는 데 무슨 문제가 있나?"

"학교 선생님들께서 게임이라고 하면 무조건 싫어하셔서 말도 꺼내기 전에 거절당할 것 같아요."

"음, 왜 게임 동아리를 만들고 싶은지 말해 줄래?"

"친구들에게 좋은 게임을 알리고 싶어요. 요즘 제가 하고 있는 게임은 교육적으로도 문제가 될 게 없고 많은 경우의 수를 생각해 볼 수 있기 때문에 두뇌 개발에도 도움이 되거든요. 그리고 게임에 대한 정보와 소식도 친구들에게 알려주면 도움을 줄 수 있잖아요."

"정말 좋은 생각이다. 네가 게임만 연구하는 게 아니라 게임으로 좋은 영향을 주겠다는 생각이 정말 대단해. 한번 시도해 봐."

상웅이는 의지가 확고했다. 우리 부부로서는 마다할 것이 없었기에 여러 조언을 해 주었다. 상웅이는 우리의 조언을 귀담아 듣고는 결국 선생님들을 설득하여 동아리를 창설했다. 그리고 1년여 동안 동아리 활동을 하며 리더로서 그 역할을 충실히 해냈다.

또 한번은 자신이 기획한 게임이라며 꽤 구체적인 게임까지 짰던 적이 있다. '블랙 블러드(Balck Blood)'라는 제목의 게임이었는데 주인공 소년이 어떤 사고로 늑대 인간이 되어 그 과정을 헤쳐 나가는 줄거리를 가지고 있었다. 상웅이는 이 게임을 'RPG 만들기 2000'이란 프로그램을 이용하여 만들 계획이라고 했으며, 박진감 넘치는 전투 장면 삽입과 직접 만든 배경 음악, 플레이어의 가치 판단에 따라 이야기의 결말이 달라지는 멀티 엔딩 시스템을 도입한다는 야무진 계획을 세워놓았다.

"그래서 지금 사람들을 모으는 중이에요. 게임 제작 툴을 다루는 친구, 그림을 잘 그리는 친구, 음악을 작곡하는 친구들을 모아서 게임 제작 팀을 결성했어요."

사실 놀라웠다. 갓 중학교에 입학한 아이가 상당히 구체적인 계획과 함께 인력을 모았다는 사실은 꿈을 구체화시키고 있다는 것을 입증하고 있었다. 물론 이 프로젝트는 우리가 멀리 이사를 가는 바람에 중단되었지만 상웅이의 꿈 세움은 이미 그때부터 시작되었다는 점에서 큰 소득이었다.

처음에는 그저 키보드를 눌러 게임을 하는 것에만 열중하던 아이였지만 꿈이 되어 설계를 시작한 뒤로 게임을 연구하고 직접 설계하기도 하며, 게임 동아리 활동까지 조직해 냈다는 것은 상웅이에게 커다란 성취감을 안겨 주었다. 아마도 그 몇 년 동안 지배했던 꿈의 설계가 상웅이에게 큰 동력이 되었으리라 생각한다. 꿈꾸는 법을 알았고 배웠고 전개해 나가는 방법을 스스로 터득했을 테니.

03

스스로 과학고를 꿈꾸다

"**엄**마 아빠, 저도 이 학교 다니고 싶어요."

상웅이의 입에서 나온 한마디가 우리 가족의 일상을 바꾸어 놓았다. 속으로는 '그래, 드디어 네가 목표를 제대로 잡았구나. 바라던 바야.' 속으로 웃음을 지었지만 겉으로는 태연한 척 많이 놀라지 않은 표정으로 응수했다.

"그래? 그럼 한번 도전해 보자. 못할 게 뭐가 있겠어."

그날 우리 부부는 경기과학고등학교 뜰을 밟으면서 정작 축하해 주러 갔던 조카의 졸업보다는 상웅이의 새로운 꿈에 가슴 설레었다.

상웅이가 중학교 입학을 목전에 둔 어느 날, 경기과학고에 다니던 조카의 졸업식이 있었다. 워낙 어렸을 때부터 두각을 드러냈던 조카는 고등학교 생활을 잘 마치고 자신의 꿈을 향해 한 걸음 나서고 있는 상태였는데, 상웅이도 그 졸업식에 참석시켜야겠단 생각이 퍼뜩 들었다. 워낙 사촌 누나와도 잘 알고 지냈던 터라 축하도 해 줄 겸, 보고 듣는 것만으로도 어떤 자극이 있기를 바라는 마음도 조금 있었다.

그때까지만 해도 과학고등학교가 어떤 곳인지 잘 몰랐던 상웅이는 높고 외진 산 속에 자리 잡은 아담한 캠퍼스, 담쟁이덩굴이 감싸 안은 따뜻한 붉은 벽돌의 본관, 삼삼오오 짝을 지어 웃고 다니는 형님 누님들을 보면서 놀라는 표정을 지었다. 그 시간을 놓치지 않고 과학고등학교에 대해 아는 대로 설명을 해 주고 이곳에서 공부한 친구들이 어떻게 미래를 헤쳐 나가는지 탁월함을 설명해 주니 점점 흥미를 느끼는 듯했다. 그러던 상웅이는 학교 여기저기를 다니며 찬찬히 훑어보았다. 특히 졸업식이 열리는 강당에서 멈춘 발걸음을 떼지 못했다.

"상웅아, 뭐 보고 있어?"

"이것 좀 보세요. 이게 다 상패들인가 봐요."

"으응, 과학고 학생들이 나가서 받은 상인가보다."

"한번 자세히 봐야겠어요."

상웅이는 한참을 빛바랜 상패 곁을 떠나지 않았다. 각종 올림피아드부터 대회에 나가서 상을 휩쓴 흔적들에 입을 다물지 못하고 있었다. 대단한 곳이라는 것이 실감나는 듯 그날 졸업식을 유심히 지켜보던 상웅이가 결심한 듯 과학고에 가겠다는 꿈을 밝힌 것이다.

드디어 공부를 해야 할 시기에 상웅이 스스로 꿈과 목표를 설정하게 되자 우리로서는 옆에서 프로모션을 해 주어야 했다. 일단 과학고를 졸업한 사촌 누나와 이야기를 나누게 해 주었고 조카를 뒷바라지 했던 고모와도 이야기를 나눌 수 있도록 자리를 마련했다.

"상웅아, 과학고에 가고 싶다고 했다며?"

"네, 누나 학교를 갔다 와 보니 그런 생각이 들었어요."

"그랬구나. 고모가 듣기로 넌 컴퓨터 게임 개발자가 꿈이라면서? 그러려면 컴퓨터를 아주 잘 해야겠다. 그런데 컴퓨터 프로그래밍은 수학과 무척 연관이 깊어. 수학이 프로그래밍의 기초가 되니 깊이 배워 보는 건 어떠니?"

"저도 수학 좋아하는데요."

상웅이는 중학교 입학과 함께 과학고라는 꿈을 품고 나름대로 그 꿈을 이루어 나가기 위한 준비를 시작했다. 목표가 생기고 나니 상웅이는 학업에 더욱 집중했다. 초등학교 4학년 정도가 되면 논리적 사고가 발달하면서 본격적으로 수학을 공부해야 하기 때문에 동네 수학 학원을 보내는 정도였다. 그런 상웅이에게 갑작스런 레벨 상승을 요구하게 되니 과부하가 걸리기도 하고 짜증도 나는 등 시행착오 기간이 다가왔다. 그럼에도 상웅이 입에서 포기라는 단어는 나오지 않았다. 물론 넘쳐나는 숙제로 인해 힘들다는 말은 했지만. 그때마다 우리가 해 줄 수 있는 방법은 "힘내라." "할 수 있어." "해낼 거야." 등등 격려뿐이었다. 그럼에도 상웅이는 목표를 향해 조심스럽게 한걸음씩 다가가고 있었다.

상웅이는 자기 입으로 과학고에 가겠다고 했지만 이전부터 준비해 온 아이들을 따라잡기에는 많이 늦었다. 학업적인 면에서는 남들에게 뒤질 정도는 아니었기에 내신에서는 별다른 문제는 없었지만 일단 시험을 봐야 하기에 수준 높은 공부가 필요했다. 모든 것을 본인 스스로 해결해야 하는 상황들이 많아지면서 과학고에 가겠다는 처음의 생각도 조금씩 변화되는 듯 보였다. 민사고, 외고 등 선택할 수 있는 폭이 더 넓다는 이유가 있었지만 가족회의를 걸쳐 최종적으로 기술에 정통한 CEO란 꿈을 향해 한걸음씩 나섰다.

아무런 준비도 되지 않았던 상웅이, 막연히 과학고란 꿈을 꾸었지만 단 한 번의 입상 경험도 갖지 않고 자신만의 실력을 쌓아가야 하는 상황, 그러나 스스로 꿈을 찾은 상웅이였기에 우리 부부는 상웅이가 선택한 꿈에 대해 아낌없이 격려해 주었다.

"우리는 네가 과학고라는 꿈을 찾은 것으로도 대단하다고 생각해. 하지만 이제 도전을 해 보겠다고 했으니 한번 도전을 즐겨 봐. 가능한 모든 방법을 동원해서 노력해 보는 거야."

"네, 해 볼게요."

과학고를 꿈꾸며 학업의 야무진 꿈을 꾸던 상웅이가 중학교 2학년이 되었을 때 뜬금없이 선거에 나가야겠다고 선언을 했다. 주변 친구들의 상웅이에 대한 신뢰도가 높았고 친구들 사이에 리더십을 발휘하고 있다는 이야기에 생각이 달라지긴 했지만, 그래도 맘먹고 공부하겠다는 아이에게 혹시나 방해가 되면 어쩌나 걱정도 살짝 됐다. 하지만 걱정도 잠시, 오히려 리더십을 강력하게 발휘함으로써 다양한 공부를 해 볼 수 있으리란 생각에 가족이 전폭적으로 선거를 도왔다.

선거를 앞둔 어느 날 퇴근하고 돌아온 뒤 우리 부부는 전교 부회장으로서 내걸 수 있는 공약에 대해 고민했다. 다른 후보들과 차별화되는 공약이 필요했는데, 꽤 오래 전이라 세 가지 공약이 모두 기억나지는 않지만, 세 번째로 내건 공약은 기억에 남는다. 상웅이는 자신이 다니는 중학교를 명문 중학교로 만들고자 하는 포부가 있었다. 밤이 새도록 가족이 함께 공약 포스터를 만들고 이야기를 나누며 우리는 상웅이가 가진 과학고 진학이란 꿈과 연관하여 프로모션을 잊지 않았다.

"상웅아, 네가 명문 학교가 되는 시범을 보여 봐. 과학고등학교 진학이란 꿈을 꾸고 있으니 노력해서 당당히 성취해 봐. 좋은 고등학교 입학생들을 많이 배출하면 아마 너희 중학교를 명문 학교로 인정할 거야. 네가 그 시범이 되는 거지."

"네, 그럴게요."

상웅이는 당당하게 자신의 포부와 꿈을 연결시켰다. 야무진 공약 때문이었을까, 전교 부회장에 당선되었고 부회장다운 면을 보이고자 스스로 노력했다. 그리고 결국 꿈을 이뤄 좋은 고등학교에 입학하는 사례가 되어 명문 중학교로 발돋움하는 데 한몫을 한 셈이 되었다.

04
꿈은 피를 끓게 만든다

"**정**말 속상해요. 저보다 훨씬 어린 애들이랑 공부한다는 게 자존심 상하고 힘들어요."

학원 수업을 마치고 돌아온 상웅이의 신세 한탄이었다. 중학교 1학년 때 상웅이는 과학고를 꿈꾸며 그야말로 스파르타식으로 공부에 돌입했다. 교내에서 거둔 성적은 좋았지만 과학고는 경기도에서 내로라하는 실력자들이 모여 공부하는 곳이다 보니 웬만큼 실력을 갖추지 않고서는 명함도 내밀지 못할 것 같았다.

상웅이도 그러한 사실을 알았고 충분히 이해했던 터라 묵묵히 살인적인 스케줄을 견뎠다. 먼저 영어와 수학이 바탕이 되어야 했기에 그간의 공부에서도 업그레이드되어야 했다. 과학고란 확실한 목표에 맞춤 교육을 할 수 있는 곳이 필요했기에 우리 부부는 상웅이가 다닐 학원을 알아보았고 그 결과 1시간 넘게 차를 타고 가는 학원을 선택하게 되었다. 말하자면 상웅이의 '과학고 프로젝트'가 시작된 것이다.

월수금, 화목토로 짜인 학원 스케줄에 맞춰 공부를 해야 했던 상웅이는 가뜩이나 빡빡해진 시간표로 지친 데다, 자존심 상하는 일도 겪어야 했다. 수학을 좋아했고 자신 있어 하던 상웅이였지만 막상 과학고를 준비하는 수학학원에 갔을 때 레벨 테스트에서 기막힌 좌절감을 맛보았다.

"초등학교 5~6학년과 같은 반에서 공부를 해야 할 것 같습니다."

상웅이는 적잖이 충격을 받은 듯했다. 학교에서는 상위권에 들 정도는 되었는데 학교 밖을 나가 보니 우물 안 개구리였던 것이다. 우리 부부도 당황스러웠지만 본인만큼은 아니었을 테니 상웅이를 위로하기에 바빴다.

"상웅아, 우리는 이제 막 시작하려는 것뿐이잖아."

상웅이는 그렇게 동생들과 한 반에서 공부를 시작했다. 특유의 친화력으로 동생들과도 친해졌지만 나름대로 고충도 있었을 것이다. 창의적인 학문인 수학의 매력에 빠지기도 했지만 생각대로 실력이 늘지 않아 고민을 털어놓기도 했다.

"엄마 아빠, 저를 좀 더 똑똑한 아이로 낳아 주시지 그러셨어요."

"그런 소리 말아. 널 더 똑똑한 아이로 낳았으면 우리가 감당 못했을 거 아냐. 우린 딱 지금처럼 노력하고 있는 아들이 최고의 선물이다."

"에이, 농담도 잘 하셔."

지친 몸을 이끌고 돌아와 신세 한탄 비슷한 것을 쏟아 놓기도 했지만 상웅이는 나름대로 꿈을 향해 조금씩 다가서고 있었다. 물론 중학교 시절 상웅이는 한편으로는 공부를 하고 한편으로는 게임에 열중하기도 했다. 본인의 말처럼 공부에만 전념하지 않았던 때문인지 좀처럼 실력이 눈에 띄게 오르지도 않고, 각종 경시대회에 나가서도 좋은 결과를 올리지 못했지만 늘 자신이 품은 꿈을 잊지 않으려 했다.

그렇게 중학교 3학년 6월이 되었을 때 상웅이는 비로소 꿈을 향해 미친 듯이 질주하기 시작했다. 본인 스스로 '지옥의 레이스'라 일컬을 만큼 자신을 담금질하기 시작했다. 과학고에 가기 위해서는 반드시 수상 실적이 필요하다는 것을 누구보다 잘 알고 있었기에 발등에 불이 떨어진 것이다. 상웅이는 아주 어렸을 때부터 자기 일은 스스로 알아서 하는 습관이 있었던 터라 본인 스스로 노력해야 한다는 사실을 절감한 듯 보였다.

"힘들지 않니?"

"힘들어도 공부하는 건 재밌어요."

"그래? 정말 다행이다. 네 스스로 재미를 느끼고 공부를 한다니 얼마나 다행인지 몰라."

"엄마, 오늘은 인터넷 강의 들을 게 있으니까 좀 늦게 잘 것 같아요. 내일도 아침 일찍 가야 하는데 알람을 맞춰 놔도 못 일어날지 몰라요. 그러니 6시 30분에 제 방 한번 들여다 봐 주세요."

"그래 알았다. 그런데 야, 너 다크서클 장난 아니다."

"친구들이 그러는데 다크서클로 줄넘기해도 되겠대요. 하하!"

"너무 무리하는 거 아냐?"

"지금 무리라는 말도 사치예요. 지옥의 레이스 중이잖아요."

"맞다. 넌 잘 할 수 있을 거야. 원래 인생은 고난의 연속이야. 가능한 모든 방법을 동원해 봐. 사람에게 불가능한 것은 없다고 하잖니."

상웅이는 자신의 꿈을 향해 오로지 앞만 보고 달려갔다. 『과학고 공부벌레들』이란 책에서 밝혔듯이 자신을 증명해 보이고 싶었던 것이다. 과학고의 마당을 밟으며 품었던 과학고 입학의 꿈을 실현하는 상상에 행복했던 것이다.

결국 상웅이는 지옥의 레이스를 지나서 그 어렵다는 과학고 시험에 통과했고, 과학고 학생이 되어 또 다른 꿈을 품으며 질주해 나갈 수 있었다. 상웅이는 그때를 이렇게 회상했다.

"합격하고 못하고를 떠나서 어떤 것에 자신의 모든 것을 걸고 도전해 본다는 것은 정말 값진 경험이었어요. 그때 몸에 밴 삶의 태도는 아직까지도 저에게 값진 자산으로 남아 있거든요. 합격 발표 소식을 들었을 때 기쁘긴 했지만 그리 놀라지 않았던 것 같아요. 제가 쏟은 노력의 깊이를 스스로가 누구보다 잘 알고 있었으니까요."

상웅이는 앞으로 10년 뒤 15년 뒤를 바라보면서 경영마인드를 겸비한 나노공학자가 되어 인류에 공헌을 하겠단 꿈을 정해 달려가고 있다. 중학교 시절부터 흥미를 가졌던 화학을 특기 과목으로 삼아 공부했으며 지금까지 화학 사랑이 이어진 셈이다.

꿈은 피를 끓게 만드는 힘이 있다. 꿈은 잠재력의 원천이 된다. 새 중에서 가장 작은 새라 불리는 벌새가 있다. 이 새는 공중에 정지한 상태로 꿀을 따먹기 위해 부지런히 날갯짓을 해야 하는데 무려 1초에 80번을 퍼덕거려야 한다. 조류학자의 말에 의하면 사람이 그 정도 동력을 내려면 하루 햄버거 1,300개를 먹고 심장은 1분에 1,260번 뛰어야 하며 체온은 385도로 올라가기 때문에 온 몸이 타버린다는 것이다. 학자들도 불가사의하게 받아들이는 벌새는 또 다른 신비한 일을 벌이기도 한다. 아메리카 벌새 중에는 꽃을 찾아 3,200km를 이주하기도 하는데 그토록 많은 에너지를 사용하는 작은 새가 어떻게 그 먼 거리를 갈 수 있는지 과학적으로 설명할 수 없다는 것이다.

아마 벌새를 그토록 힘차게 만드는 것은 스스로 품은 꿈 때문은 아닐까. 꿀을 따 먹어야 하고 어디론가 목적지를 향해 가야 한다는 꿈이 그 안의 피를 끓게 만들지 않을까. 상웅이가 과학고의 꿈을 꾸면서 미친 듯이 피 끓는 열정을 퍼부었던 것처럼, 현재 또 다른 넓은 꿈을 꾸며 세상을 향해 나가는 것처럼.

05

꿈을 가열해서
현실로 만들다

"**아**빠 친구가 앙골라에서 건축 설계 수주를 받아 사업을 하고 있는데 그 아저씨에게 한국이란 나라의 이미지가 어떤지 물어봤어. 어떻게 말했을 것 같아?"

"앙골라요? 그게 어디에 있는 나라였더라. 아, 아프리카! 아프리카라면 우리나라를 잘 모르지 않을까요?"

"그렇지도 않아. 2002년 월드컵을 계기로 아프리카에 한국이 많이 알려졌어. 아저씨 말씀으로는 우리가 1970년대 일본을 생각하는 정도? 우리나라에 대해 아주 선진국은 아니지만 고속 성장하는 역동적인 나라로 세계시장으로 나가는 나라로 생각했대."

"그래요? 지난번 스페인에 계신 외삼촌도 그곳에서 우리나라 이미지가 좋다고 하셨는데."

"맞아. 들었지? 스페인 사람들도 한국을 엄청나게 역동적이고 활발한 나라로 생각한다고 하잖아. 정작 해외에서는 우리 이미지가 높아지고 있는데 우리는 스스로 너무 낮게 생각하는 경향이 있는 것 같아."

"왜 그렇게 생각하세요?"

"사업 때문에 해외를 다녀 보면 해외에서 만난 동포들이 끊임없이 갈등과 분란을 겪고 있거든. 내가 생각하기에 그건 한국인으로서 자긍심이 너무 약하기 때문에 그런 것 아닌가 싶기도 해. 사실 우리 민족이 얼마나 대단한 민족인지 얘기했지? 열정적이고 에너지가 넘치고 척박한 상황에서도 이 나라를 일으켜 세운 걸 보면 아는데……."

"우리 선생님께서도 그러시는데 우리나라 교육열이 세계 최고래요."

"그래 그렇지. 그 정도로 열정이 있는 민족이지만 정작 해외로 나가 보면 우물 안 개구리처럼 살고 있다는 생각도 들어. 너무 우리나라 안에서만 산다는 느낌? 국제적인 안목이 부족하다는 느낌을 많이 받는 거야. 상웅이 네가 살아갈 시대는 더욱 나라의 구분이 흐려진 상태에서 활발히 교류하게 될 거야. 그러니 한국인의 자긍심을 잃지 않으면서 세계가 어떻게 변화하고 있는지 늘 연구해 보고 생각해 보도록 해."

때때로 시간이 날 때면 우리 가족은 식탁에 둘러앉아 식탁 대화를 즐겼다. 사실 따로 시간을 내는 일이 거의 불가능했던 터라 주말에 있는 시간, 아니면 평소 저녁 식탁에서 이야기를 나누었다.

그 당시 상웅이 아빠는 사업을 하며 해외를 자주 다니면서 세상 곳곳에서 일어나는 일에 대해 대화를 나누었다. 21세기는 글로벌 시대라는 말을 스스럼없이 하면서도 정작 21세기의 주인공인 우리 아이들에게 국제적인 비전을 키워 주는 교육은 별로 없다는 생각에서였다. 앞으로는 과거보다 아이가 살아가는 일생 동안 많은 나라와 문화를 접하게 될 것이 틀림없는데 어릴 때부터 다양한 나라와 문화에 대한 이해가 필요하지 않겠는가.

물론 처음에는 자기 주변에서 일어나는 일 외에는 크게 관심을 갖지 않지만 점점 청소년기로 접어들면서 관심의 분야가 점점 확대되기 마련이다. 바로 그 시기가 세상 곳곳에서 일어나는 일, 국제적인 뉴스에 대해 이야기를 나눌 때이다.

먼저 상웅이가 가장 친근하게 생각할 가까운 나라의 이야기부터 시작했다. 어설픈 국수주의나 패배주의 사고방식은 아주 위험하다. 우리의 주변 국가부터 이해와 준비가 절실하다고 느꼈기에 선택한 나라들은 일본과 중국이었다.

"일본을 다녀 보면 그 나라 사람들이 자기 영역을 철저히 준수하는 것을 가장 큰 미덕으로 삼고 있다는 것을 알 수 있어. 자기가 맡은 일에 무척 철저하고 혼자 있을 때와 여럿이 있을 때 의사가 달라서 우리나라 사람들이 당황하는 경우가 많아."

"그건 안 좋은 거잖아요."

"그렇게 생각할 수도 있지만 그 나라의 배경에 대해 알 필요가 있지. 일본은 제한된 자원에 너무 많은 인구가 살아야 하기 때문에 배려와 분배를 중요시하고 자기 영역을 철저히 준수하는 것이 미덕이 된 거야. 그리고 일본 사람들의 생각과 말을 알다가도 모르겠다는 것은 그 나라 사람들이 갖고 있는 고유한 특성 같은 거지. 일본인들은 자기 속을 정확히 드러내지 않으면서 상대방을 검증하는 과정을 거치는 것이기 때문에 그들의 문화적 특성을 알아두면 나중에 일본과 교류하는 과정에 도움을 받을 수 있어."

"그래도 일본은 좀 나쁜 것 같아요. 우리나라를 식민지로도 삼고……."

"물론 우리나라와는 좋지 않은 감정을 갖고 있지만 앞으로 세계 안에서 살아가려면 과거의 사건에 연연하는 건 좋지 않지."

일본에 대한 이야기 외에도 중국의 문화와 중국에 대한 생각 등을 나누는 가운데 상웅이는 자연스럽게 외국에 관심을 갖게 되었다. 초등학교 시절에는 주로 어른들의 이야기를 들었지만 어느 날 방을 들여다보면 대화로 나누었던 나라에 관한 책을 뒤적거리는 상웅이의 모습을 목격할 수 있었다. 그렇다 보니 점점 국제적인 이슈에 관심을 가졌고 한 가지 사건에 대해서도 국내외적으로 바라보는 넓은 시각이 잡혀가는 듯 보였다.

상웅이는 과학고등학교 2학년 재학 당시 수학여행으로 일본과 미국을 다녀왔다. 특목고에 진학하는 많은 학생들이 해외연수 경험이 있는 것에 비하면 상웅이는 토종 중에 토종이었다. 외국 한 번 나가 볼 기회 없이 신문에서, 책에서, 대화를 통해 세계를 바라보던 상웅이에게 기회가 온 것이다. 상웅이는 무척 기대하는 듯 보였다. 특히 세계에서 내로라하는 예일대, 시카고대, 스탠퍼드대 등을 둘러보고 온 상웅이의 표정이 상기되어 있었다.

"견학하고 온 뒤 어떤 변화가 생겼니?"

"으음, 예일대와 MIT 등 대학을 돌아보는데 확실히 우리와는 다른 뭔가가 느껴졌어요. 과학고 R&E 과정 중에 서울대에서 실험하고 논문 쓰는 일도 해봤지만 그 사람들의 학문에 임하는 태도랄까, 생각하는 관점이 다르더라고요. 나라에 국한되어 있는 게 아니라 전 인류를 바라보는 안목 같은 거요."

"그랬구나. 너도 그 사람들과 다를 게 없잖니."

"맞아요. 걔네들과 당당히 겨룰 수 있는 날이 오겠죠. 그렇게 해 보려고요."

엄청나게 클 수 있는 물고기를 작은 어항에 넣어 키웠더니 어항의 크기만큼만 자랐다고 한다. 마찬가지로 사람도 어떤 환경에서 자라느냐에 따라 인생이 바뀐다.

상웅이 역시 어렸을 때부터 국제적인 안목을 키우도록 했다. 자기 자신만 잘 먹고 잘 살겠다는 꿈을 갖기보다 적어도 1만 명 이상을 먹여 살리겠다는 꿈은 차원이 다르다.

부모는 자녀가 속한 사회의 크기를 넓혀 줄 필요가 있다. 막연하게 생각될 수도 있겠지만 자녀로 하여금 세상을 멀리 바라보고 넓게 바라볼 수 있도록 생각의 기반을 마련해 줄 때 아이의 꿈은 무한히 커질 수 있다. 그렇게 되어야 10년 뒤, 20년 뒤 자신의 인생을 거시적으로 디자인할 수 있게 된다.

지금도 상웅이의 꿈은 진화해 가고 있다. 특히 국제적인 안목이 무엇보다 중요하다는 사실을 알기에 다양한 이들과 교류하며 네트워크를 넓혀가고 있는 중이다. 네트워크가 넓어짐에 따라 아이의 꿈도 점점 글로벌화될 것이다.

상웅이의 꿈 맵
- 상웅이의 서울대 지원서 엿보기

마법사가 되는 상상을 하곤 했습니다. 신비한 마법을 통해 기상천외한 상상을 현실로 바꾸는 사람들이 멋있어 보였습니다. 물론 어렸을 적의 몽상이지만, 그때부터 공학자의 꿈은 시작되었던 것 같습니다. 새로운 것을 만드는 일은 언제나 신나는 일이었고, 도전하고 성취하는 일은 즐거웠습니다. 수학, 과학에 흥미도 있었기에 미래를 창조하는 학문, 공학을 공부하려고 마음먹었습니다.

그렇게 막연한 공학자의 꿈을 키워가던 때, 운 좋게도 고등학교 재학 중 서울대 화학부 실험실에서 나노입자에 대해 연구할 기회를 얻었습니다. 이때부터 나노기술에 대해 흥미를 가지기 시작했습니다. 그중에서도 저는 나노기술이 의료분야에 가져올 혁신에 주목했습니다. 예를 들어, 앞으로 나노운반체는 약물이 더 효과적으로 작용하도록 할 것이고, 나노장비를 이용하면 질병의 진단을 더 빠르고 정확하게 할 수 있을 것입니다.

나노기술에 대해 점점 알아가면서, 그 무궁무진한 가능성을 제 손으로 이끌어 보고 싶은 마음이 들었습니다. 저는 나노기술, 특히 나노의약 분야에서 세계적인 권위자가 되어서, 세계 곳곳에서 고통 받는 사람들의 아픔을 덜어 주고, 인류의 복지에 기여하고 싶습니다. 그런 훌륭한 공학자가 되기 위해서는 과학적 사고력뿐 아니라 인간과 사회에 대한 이해도 갖춰야 합니다. 그래서 공학뿐 아니라 인문·사회학적 소양도 갖춘 전인적인 인재가 되어, 첨단기술을 인류의 안녕에 도움이 되는 방향으로 이끄는 사람이 되려고 합니다.

간혹 상웅이 또래의 아이들이 학교에 가기 싫다거나 공부를 왜 해야 하느냐며 두 눈을 부릅뜨고 항의를 할 때가 있다. 초등학교 4학년만 지나면 아이들이 논리적인 두뇌 활동이 활발해지므로 이럴 때는 논리적으로 대응해 주어야 한다. 하지만 자녀 키우는 문제에 있어 논리보다는 감성이 앞서는 터라 부모와 자녀가 공부 때문에 티격태격하는 경우가 얼마나 많은가. 이러한 무리수를 최소화하기 위해서라도 조금 더 일찍 목적을 일깨우도록 하는 일이 중요하다.

PART 4
상웅이네 공부법 2단계

아이만의 논리를 존중하고 격려하라

01
공부는
혼자 하는 거야

"**엄**마 아빠, 드디어 올백을 받았어요."

한껏 상기된 표정으로 상웅이가 우리를 맞았다. 한 번도 만점 성적표를 받아본 경험이 없던 우리로서는 흥분하지 않을 수 없었다. 중 3, 1학기 성적표에는 그야말로 100점짜리 점수가 빼곡히 적혀 있었다. 말로만 듣던 100점 만점 성적표였다. 하지만 우리 가족이 그토록 기뻐했던 것은 점수 때문만은 아니었다. 그동안 상웅이 혼자 맘고생도 해 가면서 스스로 이뤄 낸 성과였기 때문이다.

"우와! 우리 아들 대단하다. 대단해."

호들갑스런 반응이 이어지자 상웅이도 쑥스러운 듯 웃기만 했지만 자기 딴에도 얼마나 가슴 졸이며 기다려온 결과였을까. 그런 마음을 잘 알고 있기에 가슴이 쩡해졌다.

"상웅아, 정말 고생했다. 너무 대단해. 과학고의 꿈에 성큼 다가선 것 같다."

"에이, 과학고에 무난히 들어가려면 더 노력해야죠."

부모와 자녀가 뒤바뀐 대화 같기도 했지만 상웅이는 그 당시 철저한 자기와의 싸움에서 승리하고 있는 중이었다. 중학교에 입학하면서 갖게 된 과학고의 꿈을 이루기 위해 나름대로 노력은 했지만 상웅이가 가지고 있는 조건이 너무 열악했다. 다른 아이들이 초등생부터 준비한다던 수상 실적도 없었고 더군다나 중학교에 올라와서도 상황은 그리 나아지진 않았다. 그랬던 상웅이가 중3이 되고 나자 스스로 바뀌었다.

예전의 상웅이가 아니다란 말을 들어가며 아이는 변했다. 배움에 스스로 파고들면서 밤샘 공부를 밥 먹듯 했다. 부모로서 해 줄 수 있는 것은 별로 없었다. 그저 옆에서 격려하고 위로해 주는 것뿐, 상웅이는 자기 스스로 공부하는 방법을 연구하고 스스로 공부하며 시간을 관리해 나갔다. 그 결과가 중학교 3학년이 되어서 나타나게 된 것이다. 특별한 과외 학습을 받은 것도 아니고 특별한 학원에 보낸 것도 아닌데 그처럼 좋은 실력을 갖추게 된 상웅이가 참 자랑스러웠다.

며칠 뒤 상웅이 사촌동생이 집에 놀러왔다. 오랜만에 형을 만난 동생이 궁금한 듯 물었다.

"형, 이번에 시험 되게 잘 봤다면서?"

"으응. 뭐."

"우와! 형아 되게 공부 잘한다. 어떻게 하면 그렇게 잘 할 수 있어? 나

좀 가르쳐 줘라."

그 대화를 듣고 있던 우리도 상웅이에게서 어떤 대답이 나올지 궁금해졌다. 그때 상웅이의 대답은 간단명료했다.

"엄마, 공부는 혼자 하는 거야."

그 대답을 들은 우리 부부는 흐뭇함에 마음이 편안해졌다. 한편으로는 어릴 때부터 자립 교육을 그토록 부르짖었던 것에 대한 뿌듯함도 있었다.

스스로 하는 아이로 키우려는 우리 부부의 노력은 상웅이가 아주 어릴 때부터 시작되었다. 그렇다고 아이를 앉혀 놓고 직접적으로 가르치는 것도 아니고, 다른 아이들과 비교하는 것도 배제했다. 대신 아이가 가진 고유의 재능이 있을 것이란 확신이 있었고 그것을 인정해 주되 그 재능을 스스로 발휘할 수 있도록 격려했다. 자기가 좋아하는 일을 해야 스스로 뭔가 하고자 하는 의지가 솟기 마련이다. 그래서 상웅이가 원하는 것은 가능한 한 하도록 해 주되 항상 조건을 붙였다.

"그걸 원하니? 그럼 해 봐. 대신 시작하면 끝까지 해야 하고 자신이 생각하는 최고가 될 때까지 노력해야 해. 약속할 수 있지?"

"네."

한두 번으로 끝나는 것이 아니라 생활 속에서 뭔가 선택했을 때 으레 이러한 조건을 붙이다 보니 웬만해서는 중간에서 그만두는 일이 없었다.

한번은 식목일을 맞아 온 가족이 나무를 심기로 했다. 공휴일이었던 터라 가족이 모두 산으로 올라가 신선한 공기를 마시며 흙을 밟고 나무도 심어 보자는 생각에서 시작했다. 미리 구입한 포도 묘목을 들고 적당한 자리를 찾았다.

"자, 이제 어떻게 할까?"

"어떻게 하긴요. 어서 포도나무를 심어야죠. 빨리 심어요."

"심어 보고 싶어? 그럼 한번 해 봐."

"제가요? 한 번도 해 본 적 없는데…… 좋아요! 대신 아빠가 가르쳐 주세요."

우리 부부는 그리하겠다고 눈짓을 보냈다. 묘목을 건네받은 상웅이는 잠시 당황한 듯 보였다. 우리가 옆에서 먼저 땅을 파고 묘목을 심은 다음 발로 밟고 물을 주는 과정을 코치해 주었다. 그러자 상웅이는 고사리 같은 손으로 삽을 들어 땅을 팠다. 꽤나 힘이 부쳤을 텐데 땀을 흘려가며 땅을 파고 묘목을 심었다. 땅 밟기가 생각대로 잘되지 않으면 삽 같은 것을 이용하기도 하며 나름대로 다른 방법을 생각해 냈다.

"우와, 우리 상웅이 포도나무가 벌써 심어졌네. 이걸 상웅이가 모두 해냈어."

상웅이는 이미 나무를 심느라 무아지경에 빠져 있었다. 야무지게 흙을 밟기도 하고 쪼르르 달려가서 물을 떠와서 나무에 주기도 하는 등 두어 시간쯤 걸리는 일을 거의 스스로 해냈다. 물론 상웅이가 보지 않는 틈을 타 우리 부부가 마무리를 조금 해 주긴 했어도 그날 상웅이를 향한 칭찬과 격려는 다른 날보다 두 배는 강했다.

"정말 대견해. 거봐. 스스로 끝까지 해낼 수 있잖아."

"네, 이건 제 나무예요."

식목일, 상웅이는 세상에서 하나밖에 없는 자기만의 나무를 세상에 심었다. 게다가 혼자서도 해낼 수 있고 끝까지 하다 보면 여러 방법을 통해 좋은 결과를 얻을 수 있다는 성취감도 함께 얻었다.

상웅이는 웬만한 일은 자기 스스로 해내는 습관에 익숙해졌다. 퍼즐 놀이나 블록을 할 때도 슬쩍 지나다니며 힌트만 주되 혼자서 해내도록 유도하다 보니 자기 스스로 하는 삶에 익숙해진 셈이다. 아이에게 스스로 해 보는 경험을 하게 해 주는 것은 자신감을 갖게 하고 많은 근육을 움직이게 함으로써 두뇌 계발에도 좋은 영향을 미친다. "누구도 해낸 적 없는 성취란 누구도 시도한 적 없는 방법을 통해서 가능하다."는 베이컨의 말처럼 상웅이는 스스로 방법을 찾아내고 생각하면서 자기만의 성취를 쌓아갔던 것이다.

언젠가 사촌 동생들이 집에 놀러 와서 함께 놀이를 할 기회가 있었다. 그런데 동생들이 자꾸 어른들을 부르며 도움을 청하자 상웅이가 짜증을 내며 이런 말을 했다.

"야, 자기 일은 자기가 하는 거야. 네가 방법을 찾아봐!"

덕분에 상웅이는 자기 자신에 대한 믿음이 확고해졌다고 할까, 자기 스스로의 능력을 인정하는 아주 좋은 품성을 지니게 되었다. 아마도 그러한 습관 덕분에 뒤늦게 공부에 전념하면서도 포기하지 않고 밀고 나갈 수 있지 않았나 생각한다.

최근에 많이 사용되는 NLP라는 신경프로그래밍 기법 심리치료가 있다. 이 방법은 성인의 심리치료를 위해 어릴 적 성공 경험을 동원하는 것으로, 내적 심리감을 되살려 자신감을 회복하고 그 증거를 바탕으로 자아 정체감을 강화시킨다. 언뜻 보기에는 그것이 무슨 큰 효과가 있을까 싶지만 효과는 엄청나다고 한다. 어릴 때 무의식중에 자리 잡고 있는 성취감은 엄청난 잠재력을 발휘하여 상처받은 기억을 되돌려놓는 확실한 방법이라고 한다.

이처럼 아이들은 어린 시절에 다양한 성취 경험을 갖게 하는 것이 중요하다. 무엇이든 자기 스스로 해냈을 때 성취감의 정도가 가장 크므로 일이 크건 작건 상관없이 많을수록 좋다. 결국 그러한 성취감이 모아져서 습관을 만들고 성취하는 습관이 스스로 노력하는 긍정적인 태도를 만든다.

02

아픈 만큼
성숙해진다

"**아** 아아!"

유치원에 들어서자마자 낯익은 목소리가 날카롭게 울렸다. 급히 와 달라는 연락을 받고 사고가 난 줄은 알고 있었지만 도착해 보니 상황은 심각했다. 상웅이의 앞니 위쪽의 잇몸이 3센티미터 정도 찢어져 있었고 그로 인해 피가 줄줄 흐르는 상태였다. 친구와 손을 잡고 가던 상웅이가 함께 계단을 뛰어 내렸다가 잘못 착지하는 바람에 친구의 이가 상웅이의 인중과 맞부딪치며 대형사고가 난 것이라고 했다. 침착하자고 다짐을 해 봤지만 당황스러운 것은 어쩔 수 없었다. 급하게 상웅이를 병원에 옮기고 봉합수술에 들어가려니 상웅이의 표정이 공포로 가득 찼다. 시간을 지체할 수 없어 상웅이를 달래가며 수술대에 올랐다.

"상웅아, 무섭지? 그래도 이번에 아픈 걸 잘 참고 나면 훌쩍 클 거야."

"아양!"

"엄마가 옆에 있을게. 스스로 견뎌낼 수 있지?"

응급상황이었기에 꿰매는 일은 바로 진행되었다. 상웅이의 신음과 비명이 간간히 들렸지만 꽤 잘 참아 내고 있었다. 봉합수술이 끝나자 꿰맨 자국과 붓기가 합쳐져 거의 원숭이가 되어 있었다. 이내 소식을 듣고 아빠도 병원으로 찾아왔다.

갑작스런 상황이 일단락되자 상웅이는 뒤늦게 아픔이 밀려오는 듯 했다. 마취가 풀린 탓도 있을 것이고 자기 딴에도 긴장했던 것이 풀렸는지 눈엔 눈물이 한가득 고이고 아픈 표정을 지었다. 엄마 아빠의 위로가 필요했을 것이다.

"상웅아, 아프지?"

"으~응."

"그래도 지금은 의사 선생님이 치료를 해서 입안에 세포들이 다시 살아나기 시작하고 있어. 새살이 돋아나고 회복되어 가고 있으니 불편하더라도 스스로 참아 내고 며칠 지나면 모두 나을 거야."

"네."

입안에 거즈를 붙이고 있는 상웅이는 죽을 맛이었을 것이다. 하지만 그날 벌어진 사건이 자신의 부주의에서 벌어진 일임을 깨닫고 있어서 그런지 패나 잘 참아 내고 있었다.

"이번에 아픈 것이 너한테 오히려 좋은 기회가 될 거야. 앞으로 계단을 다니거나 장난칠 때도 이번 일을 생각하면서 똑같은 실수를 반복해서는 곤란하겠지? 그래도 우리 아들 참 잘 참는다."

"네."

아파서 대답하기도 싫었을 테지만 상웅이는 야무지게 대답했다. 몇 주가 흘러 꿰맨 실밥을 풀고 정상적으로 돌아왔을 무렵, 상웅이는 예전과 다름없이 활발하게 뛰어 놀았다. 달라진 것이 있다면 자기 스스로 위험한 상황에 대응하는 속도가 빨라졌다는 것이다. 그때마다 우리 부부는 상웅이를 불러 다시 격려를 해 주었다.

"상웅아, 지난번 다쳤을 때 정말 잘 참았어. 스스로 잘 참아 내고 견뎌 내서 너무 자랑스럽더라. 그 경험 덕분에 지금 상웅이가 더 안전해진 거고."

"네, 전 스스로 잘 할 수 있어요."

"그러엄, 우리 아들은 스스로 잘 하지."

"넵! 저는 원래부터 잘하는 아이예요."

우리 부부는 웬만한 경험은 직접 해 봐야 자기 스스로 해내는 것의 즐거움과 책임감을 느낄 수 있으리란 철학을 가졌다. 그래서 우리는 상웅이에게 어릴 때부터 가능하면 많은 경험을 스스로 하도록 했다. 엄마 아빠가 직장에 다니다 보니 아이를 세세하게 챙겨 줄 수 없으므로, 소소한 일상에서 겪을 수 있는 어려운 상황에 대해서도 미리 주의를 시킬 필요가 있었다.

상웅이가 서너 살되던 무렵 막 걷고 호기심이 왕성한 시기, 온갖 새로운 환경에 자신의 몸을 던져 보고자 했다. 뭐든지 만져 봐야 직성이 풀렸던 상웅이로 인해 외할머니도 우리도 걱정이 생겼다. 일일이 따라 다니며 뒤치다꺼리를 해 줄 시간도 없거니와 상웅이가 스스로 자립하고 절제하는 것이 여러 모로 효율적이었다.

하루는 저녁 시간에 뜨거운 된장찌개가 상에 올라왔다. 그날도 어김없이 상웅이는 뚝배기 뚜껑으로 손을 뻗었고 그 순간 외갓집 식구들의 손들이 상웅이의 손을 막을 태세였다.

"가만 두세요. 상웅이도 느껴 봐야지요."

상웅이는 자기를 제지하는 손이 없어지자 만면에 웃음을 띠고 손끝을 뚝배기 뚜껑으로 가져갔다. 그리고 잠시 뒤.

"으아아아!"

울음이 터지면서 상웅이의 손끝이 빨개졌다.

"상웅아, 뜨겁지? 그것 봐요. 이렇게 김이 나고 있다는 것은 뜨겁다는 걸 말해. 손을 대면 어떻게 될까요?"

"아파요."

"그래요. 조심해야겠지?"

"네!"

울상이 된 상웅이가 안쓰럽지만 한번 독하게 마음먹고 아픔을 경험하게 하면 다시는 그런 실수를 벌이지 않는다. 그 뒤로 상웅이는 호기심을 보이긴 했지만 위험한 것에 대해 본능적으로 감지하며 조심하는 버릇을 들였다.

스스로 하는 습관을 길러 주는 가운데 부모가 빼놓지 말아야 할 철칙이 있다. '안'자와 '못'자를 말 속에서 빼내는 것이다. 많은 부모들이 자녀들에게 "그건 절대 해선 안 돼." "그건 못하는 거야." 등 부정적인 표현을 사용하는데, 이는 아이로 하여금 반발심을 불러일으키게 된다. 아픔을 경험하게 할 때도 그 행위로 인해 아이가 무엇을 느꼈는지, 어떻게 조심을 해야 하는지 스스로 정립하게 된다.

아픔 만큼 성숙해진다는 노랫말처럼 아이들 역시 아픈 경험을 해 볼수록 자립심이 커진다. 아픈 것을 누군가 대신해 줄 수 없다는 것을 절실히 깨닫는 것보다 귀한 경험담은 없을 테니 말이다. 물론 스스로 해냈을 때의 성취감과 성공 경험도 자립심을 촉구할 수 있지만, 아픔을 겪게 되었을 때 스스로 겪어 내는 경험을 통해서도 자립심은 커질 수 있다.

03
교육의 목표는 절제력을 키우는 것이다

경마에 관심을 가지고 있는 사람이라면 세계적인 명마인 '세크리테리엇'이란 이름을 한번쯤 들어 봤을 것이다. 이 말은 세계적인 경마 대회에서 세 번씩이나 우승을 거둔 트리플 크라운의 주인공이기도 하다. 이 말의 화려한 경력을 보면 2,000미터를 1분 59초 만에 뛰었다는데 아직까지 그 기록은 깨지지 않고 있단다.

그런데 이 말은 어떻게 세계적인 명마가 되었을까? 바로 말이 지니고 있던 절제력 때문이라고 한다. 말의 주인은 세크리테리엇을 포함한 100마리 말에게 물을 먹이지 않고 언덕에 놓아두었다. 한참 뒤 목이 말라 힘들어 할 즈음 물이 있는 곳으로 말들을 유인했고 물이 있는 곳에 도착할 즈음 되돌아오라는 신호를 보냈다고 한다. 그런데 다른 말들은 주인의 말을 듣지 않고 목을 축였지만 세크리테리엇만이 유일하게 주인에

게로 돌아왔다. 초절정 절제력을 지닌 말의 단면을 볼 수 있지 않은가.

"교육의 목표는 절제력을 키우는 것이다."

우리 부부는 칸트가 말한 이 교육의 목표에 절대적으로 공감하고 있다. 머릿속에 뭔가 가득 채워 넣은 지식 기능공을 양성하는 것이 교육이라면 너무 단순한 목표이다. 그렇지만 교육의 목표를 개개인의 절제력을 기르는 넓은 의미로 삼았을 때 얻어지는 효과는 무척 크다고 생각한다. 절제력이 있는 사람과 그렇지 못한 사람은 성취도에서 차이가 나며, 자기 스스로를 통제할 수 있다는 점에서 굉장한 잠재력을 발휘할 수 있기 때문이다.

상웅이를 자립형 인간으로 키우기 위해 우리가 특히 공들인 부분도 절제력이었다. 부모가 항상 아이 곁에서 챙겨 주지 못하고 스스로 상황 판단을 하여 대처할 때 필요한 사전 조치이기도 했다. 게다가 자신의 삶 아닌가. 학업을 해 나가고 꿈을 펼쳐 나가는 과정 속에서 발휘해야 할 집중력은 절제력에서 나온다고 확신했기에 스스로 절제할 줄 아는 힘을 키워 주고자 했던 것이다.

가장 먼저 선택한 것은 '해야 할 일', '하고 싶은 일', '해서는 안 되는 일'을 분류하여 스스로가 지킬 수 있도록 했다. 이 세 가지를 분류함에 있어서 가장 우선시했던 것은 하고 싶은 일에 대해 존중해 주는 것이었다. 하고 싶은 일이라는 것은 아이의 관심과 흥미, 앞으로 무궁한 창조력을 발휘할 수 있는 부분이기에 그 부분에 대해서는 가능하면 인정해 주도록 하는 것이 좋다. 물론 하고 싶은 일 중에는 눈살을 찌푸리게 한다거나 엉뚱한 바람도 있을 수 있지만 하고 싶은 욕구를 존중해 주되 그 안에서 규칙을 함께 정하는 것이 좋다.

상웅이는 초등학교부터 중학교로 이어지는 동안 게임이라는 원하는 바가 분명했다. 그 점을 적극적으로 존중해 주었지만 그 안에서 원칙은 두었다.

'하루 두 시간 이상 하지 않을 것.

학교에서 해야 할 일 먼저 해 놓을 것.

좋아하는 것을 하되 반드시 연구하면서 탐구할 것.'

이 세 가지 원칙은 상웅이로 하여금 게임이란 좋아하는 일을 하되 그 안에서 절제하는 방법도 익히면서 즐기게 도와주었다.

> ×월 ××일
>
> 우악~ 학교 갔다 와서 이것저것 게임을 하다 보니 두 시간이 훌쩍 지나가려고 한다. 이런 안 되지. 정해진 시간을 지켜야 하는데, 지켜야 하는데, 왜 이리 게임이 재밌는 걸까?

이따금씩 일기장을 검사해야 할 일이 있어 들여다보면 이렇듯 규칙을 지키고자 안간힘을 쓴 모습에 웃음이 나기도 하고, 또 어떤 날은 은근슬쩍 그냥 넘어간 전적(?)도 보이지만 먼저 믿어 주고 지켜봐 주니 상웅이는 스스로 절제할 줄 아는 아이로 변화해 갔다.

해야 할 일에 대해서는 단호하게 이야기해 주었다. 학생으로서 학교에서 지켜야 할 규칙, 생활에서 지켜야 할 규범 등 꼭 해야 할 일은 미리 알려주는 것이 좋다. 대신 그것을 하지 않았을 때는 단호하게 대응할 필요가 있다.

학교생활을 하면서 준비물과 같은 것은 스스로 챙겨 가야 한다는 사실을 늘 알려주었지만 잘되지 않을 때도 있었다. 어떤 부모들은 준비물이 제대로 챙겨지지 않았을 때 학교까지 100미터 달리기를 하여 가져다주는 경우들이 많다. 하지만 그것은 아이 스스로 책임져야 할 부분이기에 단호하게 대처해야 한다. 손바닥 한 대 맞는다고 해서 세상이 달라질 것도 없고 오히려 아이에게는 집중할 수 있는 기회이며, 흐트러졌던 데에 대한 절제를 떠올릴 수 있기 때문이다.

해서는 안 되는 일에 대해서는 절대적인 기준을 두는 것보다 가능한 한 직접 체험하게 하여 스스로 깨달아서 분류하도록 했다. 예를 들어 '불장난'에 대해서는 직접 성냥불을 켜게 함으로써 얼마나 위험한 일이 벌어질 수 있는지 느끼도록 하고, 아이가 끝도 없이 쌓아 놓은 신발들을 툭 건드려 우르르 쏟아지게 한 뒤 위험을 감지하도록 하는 방식이었다.

상웅이가 점점 성장함에 따라 미리 경험할 수 없는 것들에 대해서는 각종 상황을 통한 이야기로 시뮬레이션했다. 상웅이가 학교에 다니다 보면 여러 가지 상황에 부딪히게 될 터이고, 좋지 않은 상황에 대해서는 미리 경고해 줄 필요가 있기 때문이었다. 폭력이나 왕따 유괴와 같은 상황이 생겼다면 어떻게 행동해야 하는지 상웅이 스스로 판단할 수 있도록 했다.

"상웅아, 학교에 오가면서 여러 가지 일들이 생길 수 있어. 모르는 사람이 길을 좀 가르쳐 달라고 하면서 차에 타라고 하면 어떻게 할 거야?"

"차에는 안 타야 돼요."

"왜 그럴까?"

"다른 곳에 데리고 갈 수도 있고 나는 또 힘도 없잖아요."

"그래 학교에 오가면서 아는 사람이건 모르는 사람이건 어디를 함께 가자거나 뭘 사준다고 할 때 따라가면 위험한 상황이 닥칠 수 있어."

"네. 조심할게요."

그 외에도 상웅이가 겪을 수 있는 각종 상황은 너무도 많았다. 그 모든 것에 대해 다 알려주기는 힘들어도 위험하다 싶을 상황에 대해 가능한 한 많은 이야기를 나누었다.

"만약 길을 건널 때 파란불이라 해도 무작정 건너면 될까?"

"만약 학교에서 돌아왔는데 외할머니가 계시지 않으면 어떻게 하는 게 좋을까?"

상웅이는 이런 대화를 통해 나름대로 생각을 정리해가는 듯했다. 그러다 보니 아이 스스로 어떤 상황에서든 혼자 해결해야 한다는 사실을 피부로 느끼고 있었다. 물론 이러한 주의가 상웅이에게 스트레스를 줄 수도 있었을 것이다. 하지만 부모가 세세히 관심을 기울일 수 있는 상황이 아닌 바에야 스스로 대처해 나갈 수 있도록 설명해 주는 것이 최선의 방법이란 생각이 들었다. 그래선지 학교에서나 어디에서든 상웅이는 늘 어른스럽다는 이야기를 들었고 한창 공부를 해야 할 시기에 들어서면서 놀라울 정도로 절제력을 발휘했다.

훗날 상웅이와 이야기를 나누면서 슬쩍 물어 본적이 있다.

"옛날에 말야. 우리가 매일 워닝(Warning)을 했었잖아. 어린 마음에 그런 이야기 들으면 싫지 않았니?"

"싫었다기보다 정신이 번쩍 들었다고 해야 하나, 그랬어요. 자꾸 저한테 경고를 하시니까 '아! 정말 나 혼자 해내야 하는구나. 도와줄 사람이 없구나.' 그런 생각이 들었어요. 그렇다 보니 스스로 해내지 않으면 안 되겠더라고요."

요즘 여기저기서 자기주도적 학습이 유행처럼 번져나가고 있다. 자기주도적 학습, 그야말로 스스로 주인이 되어 학습을 해 나가는 이상적인 학습 방법을 말한다. 그런데 많은 전문가들이 자기주도적 학습을 하는데 절제력을 가장 필수요소로 꼽는다. 그만큼 절제하는 힘이 자립에 중대한 역할을 하기 때문일 것이다. 절제력은 하고 싶은 일을 우선적으로 하되 그것을 위해 해야 할 일과 해서는 안 될 일을 지혜롭게 구분하여 판단할 때 저절로 키워지는 것 같다.

04

목적이 분명해야
결과도 나온다

곤충학자 파브르가 어느 날 개미를 통해 재미있는 실험을 했다. 개미들의 습성을 알아보기 위함이었는데, 먼저 개미를 몇 마리 잡은 뒤 둥근 모양의 화분 주위에 일렬로 세워두었다. 그러고는 그들이 어떻게 하는지 지켜보는데, 맨 앞에 있는 개미들을 따라 화분 주위를 정확한 원 모양으로 돌고 있었다. 몇 바퀴가 돌아간 뒤 슬그머니 화분을 빼냈다. 그런데 개미들은 화분이 있건 말건 상관없이 앞의 동료의 꽁무니만 쫓아 원을 돌았다. 그렇게 7일 동안이나 먹지도 자지도 않고 돌던 개미는 결국 7일 만에 죽고 말았다.

이 실험을 통해 파브르는 개미들의 쫓아가는 습성을 확인했다지만 그들의 목적 없는 삶에 대해서도 생각해 볼 필요가 있다. 개미와 사람을 비교하기는 힘들겠지만 어쨌든 사람 세상이나 개미 세상에서나 뚜렷

한 목적이 없는 삶은 본질을 흐리기 마련이다. 동료 뒤만 보고 쫓아가던 개미의 비참한 최후는 목적 없는 삶에 대한 무서운 경고는 아니었을까.

초등학교 시절 내내 상웅이에게 공부는 그리 중요한 일은 아니었다. 대신 가장 좋아하는 일을 하되 스스로 끝까지 하는 습관을 강조했다. 그렇지만 학생의 본분인 공부에 신경을 쓰지 않을 수는 없었다. 어떻게 하는 것이 상웅이에게 가장 좋은 방법일지 고민이 되었다. 외할머니의 바람처럼 다 큰 아이를 옆에 붙들어 앉혀 가르치는 일은 꿈에도 생각하지 못했고, 학원을 전전하며 세월을 보낸다는 것은 상웅이도 우리 부부도 원치 않은 일이었다.

가장 좋은 방법은 목적을 분명하게 하는 일이다. 이유를 알아야 방법을 찾고 방법을 찾으면 재미를 찾기 마련이다. 아이들이 내적인 동기에 의한 행동을 했을 때 행복감을 느낄 수 있기 때문에 우선 동기를 불러일으키는 것이 중요했다. 목적이 분명해질 때 아이들은 방향을 잃지 않는다. 아이를 존중하며 공감해 주는 태도가 함께한다면 극대화된 효과를 나타낼 것이 분명하다.

간혹 상웅이 또래의 아이들이 학교에 가기 싫다거나 공부를 왜 해야 하느냐며 두 눈을 부릅뜨고 항의를 할 때가 있다. 초등학교 4학년만 지나면 아이들이 논리적인 두뇌 활동이 활발해지므로 이럴 때는 논리적으로 대응해 주어야 한다. 하지만 자녀 키우는 문제에 있어 논리보다는 감성이 앞서는 터라 부모와 자녀가 공부 때문에 티격태격하는 경우가 얼마나 많은가. 이러한 무리수를 최소화하기 위해서라도 조금 더 일찍 목적을 일깨우도록 하는 일이 중요하다고 생각한다.

"상웅이는 왜 공부를 해야 한다고 생각해?"

"똑똑해지려고요."

"왜 똑똑한 게 좋아?"

"그래야 글씨도 잘 쓰고 훌륭한 사람도 되잖아요."

"훌륭한 사람은 어떤 사람인 것 같아?"

"음, 다른 사람들을 도와주는 사람이요."

어릴 때부터 집안 어른들 틈에서 자란 상웅이는 공부하는 분위기 속에 놓여 있었다. 그러한 분위기 덕분이었을까 초등학교에 들어가 수업을 받고 각종 받아쓰기를 비롯한 평가를 하면서(물론 그 당시 초등학교에서는 성적표가 없었다) 공부하겠다는 의지를 불태우며 끼적이곤 했었다. 자연스럽게 형성된 공부하는 분위기에 친근함이 큰 역할도 되었을 것이다. 하지만 그것보다 확실한 목적이 더 필요하다고 생각했다. 아이 스스로 목적을 찾아내기에는 경험이 턱없이 부족했다. 뭔가를 깨닫기 위해서는 자신의 경험이 많아야 하지만 아이들은 경험이 부족하다. 그럴 때는 부모가 나서야 한다.

"상웅아, 학교에 왜 갈까? 학교에서 배우는 정도는 여기 엄마 아빠도 가르칠 수 있지만 학교에 가면 두 가지 좋은 점이 있어서 학교에 가는 거야."

이 정도 운을 떼면 상웅이는 궁금함에 눈빛이 초롱거렸다. 학교에 가기 싫다고 떼를 부린 적도 없고 늠름하고 씩씩하게 학교생활을 잘하고 있었지만 좀 어른스러운 생각을 해야 될 때라고 생각했다.

"우리가 생각하기에 첫 번째 좋은 점은 선생님을 만날 수 있다는 거야. 학교에는 부모보다 훌륭한 선생님들이 계시는데 그 분들에게 가르침을 받으면 더 큰 도움을 받을 수 있지. 그러니까 더욱 학교 수업 중심이 되어야 네가 많은 것을 배울 수 있어. 두 번째 좋은 점은 좋은 친구들을 사귈 수 있다는 점이야. 학교에 가면 친구들이 많은데 그 친구들과 잘 지내면서 훌륭한 사람으로 성장할 수 있단다."

상웅이는 자기와 친숙한 선생님과 친구 이야기로 인해 관심을 가졌다. 그동안 그저 생각 없이 만난 선생님과 친구들일 수도 있었지만 그들이 자신에게 커다란 도움이 될 수 있다는 사실에 생각을 달리하는 듯 보였다. 학교 가는 일에 대해 싫증을 내는 일이 없었고 오히려 친구들에 대한 관심, 친구들과 함께 어울려 노는 즐거움을 찾는 곳으로 학교를 인식했다는 것이다.

또한 그때 생겨난 아주 좋은 습관이 선생님에 대한 배려와 집중이었다. 물론 부모의 프로모션도 있었지만 상웅이는 선생님에 대한 존경의 표현으로 수업 시간의 집중을 선택했다. 그러다 보니 당연히 학업 성취가 올라가고 초등, 중등, 과학고의 담임 선생님들로부터 공통적으로 수업 시간에 가장 집중력을 발휘하는 아이라는 평가를 받았다.

초등학교 6학년이 되었을 때, 그러니까 만 12세가 되던 해 우리 가족은 상웅이를 위해 '성인식'을 해 주었다. 성인식이라고 해서 대단한 행사가 아닌, 그저 의미만 부여한 성인식이었다. 유태인들이 자녀들을 위해 성인식을 해 준다는 데에서 차용해 온 성인식은 행사의 초라함에 비해 의미는 굉장히 컸다.

"상웅아, 이제는 너도 성인이야. 성인이라면 자신의 말과 행동에 책임을 질 줄 알아야 한다는 것을 말해. 이제, 성인이 되었으니 우리가 더욱 너를 존중해 줄게. 대신 너도 성인으로서 더욱 책임감 있게 생활해야 해."

자신이 성인 인격체로 인정받고 있다는 것을 인식하게 되자 상웅이는 점점 책임감이 생겨나는 듯 보였다. 아무것도 아닌 의식이었지만 상웅이에게는 커다란 이벤트로 다가섰는지도 모르겠다. 우리 부부는 그때를 놓치지 않고 인격체가 된다는 것, 인격을 갖추는 일에 대해 설명했다. 100점짜리 성적보다 100점짜리 인격을 갖춘 인격체가 된다면 얼마나 행복한 일이겠는가. 그때부터 공부라는 것에 대해 목적을 분명히 했다.

"흔히 '공부해서 남 주냐?'고 하지만 우리 생각은 달라. 공부는 자기 혼자 잘 먹고 잘 사려고 해서는 안 된다고 봐. 공부해서 남 줘야 사회가 모두 건강해질 수 있지 않겠니? 상웅이도 그랬지? 1만 명을 책임지는 사람이 되고 싶다고. 그게 바로 사명감이야."

한마디로 공부의 사명감을 심어 주려고 했다. 이기적인 공부가 아닌 이타적인 공부가 될 때 협력하여 성장할 수 있음을 보아 왔기 때문이다. 결국 더불어 사는 세상 아닌가 말이다. 상웅이는 그렇게 공부에 대한 사명감을 꿈과 연관 지어 크게 보기에 이르렀다. 게임에 몰두하던 아이가 중학교에 올라가 스스로 정한 과학고라는 목적을 향해 부지런히 뛰어간 것도, 과학고에서의 2년 동안 남들은 피도 눈물도 없는 공부벌레라고 생각할지언정 정작 자신은 스스로 배움을 선택하고 스스로 즐거움을 만끽하며 보낸 것도, 이제 대학생이 되어 또 다른 꿈을 향해 달려가고 있는 것도 모두 목적이 이끄는 삶이라고 생각한다.

"엄마 아빠, 저는 가능하면 많은 사람들에게 도움을 주는 사람이 되고 싶어요."

목적이 분명해졌을 때 스스로의 동력은 가동된다.

05
스스로 질문하는 아이로 키워라

하버드 대학에서 화학을 공부했던 한 사람이 있었다. 그는 편광기술을 이용한 여러 사업을 하고 있었는데 어느 날 가족과 함께 해변으로 가게 되었다. 신나게 해변을 다니며 사진을 찍고 있는데 어린 딸이 이렇게 물었다.

"아빠, 사진을 찍으면 왜 금세 볼 수 없는 거예요?"

어린 딸의 갑작스런 질문에 그 사람은 정신이 번쩍 들었다. 그날 이후로 그는 스스로에게 질문하기 시작했다. '찍어서 금세 볼 수 있는 사진기는 없을까?' 질문을 거듭하던 그는 그로부터 4년 뒤인 1947년 폴라로이드라는 브랜드의 즉석 카메라를 개발했다. 그의 이름은 에드윈 랜드이다.

영화의 천재 스티븐 스필버그 역시 어린아이가 제일 자주 하는 말인

'왜' 라는 질문 속에 가장 위대한 행위와 업적이 탄생한다고 말했다. 그만큼 질문의 힘이 대단하다.

상웅이를 키우면서도 질문을 강조하고 또 강조했다. 우리 부부가 사회생활을 하면서 질문의 힘을 실감하고 있었기 때문이기도 했는데, 직접 해답을 알려주지 않고 질문을 던져 주는 게 필요했다.

"상웅아, 오리와 백조는 어떤 차이가 있을까?"

"바퀴는 왜 항상 동그랄까?"

이런 질문을 던지면 상웅이는 열심히 머리를 굴리는 듯 보였다. 자기 딴에는 그간의 경험과 온갖 배경지식을 다 끌어 모아 생각했는데, 사실 명쾌한 해답을 얻는 데에 의미가 있기보다 스스로 어떤 생각을 이끌어 냈느냐가 더 중요하다.

엄마 아빠로부터 계속적인 질문 공세를 받은 상웅이는 어느 순간이 되자 질문을 하기 시작했다. 세상의 온갖 것이 궁금할 나이, 우리 부부는 저녁에 잠깐 보는 시간이 될지라도 상웅이와 마주보고 이야기하는 시간을 가졌다. 이때 상웅이의 이야기를 들어주는 쪽이었지만 궁금해하는 질문에 대해 서로의 의견을 나누는 시간으로 가져갔다.

"상웅아, 질문을 잘하는 사람이 제일 똑똑한 사람이야. 질문을 해 봐. 답이 저절로 떠오를 수 있어. 수업 시간에도 집중해서 듣다 보면 질문거리가 막 생길 거야. 그땐 주저하지 않고 꼭 질문하도록 해. 질문이 많아질수록 실력도 늘어나는 거니까."

입이 닳도록 질문의 힘을 강조하다 보니 상웅이는 공부를 하면서도 잠시 멈췄다가 질문을 하고 그에 대한 답을 이끌어 내는 방법을 사용했다. 이러한 방법은 중학교 시절에 들어서면서 더욱 빛을 발했다. 본격적으로 과학고를 준비하면서 상웅이가 준비해야 할 학업의 양은 기하급수적으로 늘어났다. 게다가 입상 경력이 없던 터라 급하게 경시도 준비해야 했고 입시에 대한 준비도 필요했다. 아마 살인적인 학업 스케줄이라 할 만큼 힘들었지만 상웅이는 지혜롭게 해결해 나갔다.

중3이 되면서 과학고 입시반 친구들과 학교 공부가 끝나는 대로 모여 질문의 시간을 가졌다. 그날 배웠던 내용에 대해 완벽하게 이해하는 것을 원칙을 했던 상웅이는 친구들에게 먼저 자기가 이해한 내용을 설명했다. "자! 이건 이렇고 저건 저렇게 되어서 이런 결과가 되는 거야. 내가 설명한 게 맞니?" 하는 식이었다.

언뜻 보면 토론 문화에 익숙하지 않은 아이들이었지만 이미 질문의 위력을 체험하며 실력을 키웠다. 상웅이는 그 주변의 친구들과 많은 시간을 서로 질문하고 서로 답을 찾는 작업들을 스스로 해 나갔다. 뿐만 아니라 친구들 중에서 가장 빈번하게 교무실을 들락거리는 학생일 정도로 선생님을 찾아갔다. 선생님 입장에서도 모른다고 찾아오는 학생이 얼마나 기특했겠는가. 늘 제자에게 한 수 가르쳐주는 스승의 마음으로 상웅이를 많이 도와주셨고 선생님의 특별한 관심도 받을 수 있었다.

과학고 입시에 합격을 했을 때도 상웅이는 그 비결 중 하나를 친구들과 함께 질문을 해가며 토론했던 과정으로 꼽았다.

"공부하다가 막히는 부분이 있으면 먼저 저한테 질문을 해 보고 답을 찾아보는 거예요. 그리고 친구들에게 질문하고 답을 한 뒤에 확인을 해 나가다 보면 그 부분은 확실히 제 것이 되더라고요."

과학고에 진학한 후에는 질문의 힘이 더욱 큰 위력을 발휘했다. 과학고의 특성상 그룹별로 토론해야 하는 일이 많았고 토론의 힘은 미래의 과학도들을 더욱 강하게 만들었다. 『과학고 공부벌레들』을 보면 그 아이들의 삶 자체가 얼마나 질문으로 뭉쳐져 있는지 알 수 있다.

"공부를 하다가 모르는 것이 있으면 바로 옆 친구에게 질문하면 된다. 여기서는 지나가다 만나는 친구들이 모두 올림피아드에서 금이네 은이네 했던 실력자들이기 때문에 아무나 붙잡고 물어봐도 전문가다운 능숙한 솜씨로 명쾌한 설명을 해 준다. 가끔은 옆 친구가 내가 잘하는 과목을 질문할 때도 있다. 이렇게 서로 부족한 부분을 도와가면서 실력을 쑥쑥 키워 나간다."

"과학고에는 아예 토의학습실이 운영되기도 한다. '법은 멀고 주먹은 가깝다.'라는 말이 있다. 저녁 학습 시간이 되면 이미 퇴근하신 선생님께 질문하기란 불가능하니 옆의 친구에게 물어보면 된다는 뜻이다. 서로 돕고 도우며 실력을 다 같이 향상시켜 가는 것, 이것이 과학고의 진정한 시너지 효과일 것이다."

상웅이를 비롯한 과학고 친구들의 고교 시절은 엉덩이를 의자에 붙이고 앉아 있는 공부로만 머무는 것이 아닌, 질문과 대답으로 점철된 학습이다. 그 틈에서 상웅이 역시 열심히 질문하고 열심히 답하며 실력을 키워갔다.

우리 부부가 아주 좋아하는 책 중에 도로시 리즈의 『질문의 7가지 힘』이 있다. 그 책에 보면 질문이 주는 7가지 효과에 대해 일목요연하게 나온다.

첫째, 질문을 하면 답이 나온다.
둘째, 질문은 생각을 자극한다.
셋째, 질문을 하면 정보를 얻는다.
넷째, 질문을 하면 통제가 된다.
다섯째, 질문은 마음을 열게 한다.
여섯째, 질문은 귀를 기울이게 한다.
일곱째, 질문에 답하면 스스로 설득이 된다.

이처럼 질문은 자기 스스로를 자극시키는 힘이다. 한 사람을 성장시키는 힘을 끊임없이 제공하므로 자녀들이 마음껏 질문할 수 있는 환경을 만들어 주어야 한다. 아무것도 아닌 것 같은 질문이라 할지라도 스스로에게 묻고 답하는 과정 속에서 아이는 정보와 통제, 이해와 설득을 배우게 된다.

블록쌓기의 왕국인 레고는 창립 이후 적수를 만나지 못하고 승승장구하고 있었다. 그러던 중 1990년 컴퓨터 게임이 나오게 되면서 위기에 직면했다. 그때 그들이 선택했던 방법은 스스로에게 질문을 던지는 것이었다. 그들이 던진 질문은 두 가지였다.

"왜 레고는 움직여서는 안 되지?"

"왜 어른은 레고의 고객이 될 수 없지?"

이 두 가지 질문에 대한 대답으로 움직이는 레고 로봇인 마인드 스톰과 어른을 겨냥한 스타워즈 시리즈를 개발하게 되었다. 그리고 결국 위기에 빠진 레고를 기사회생시키게 되었다. 스스로에게 던지는 질문의 힘은 이처럼 대단하다.

06

공부는
집중력 싸움이다

상웅이는 보기와 달리 어떤 면에선 고집이 센 편이다. 사람들 앞에 예절이 바르고 인사성이 좋은 아이로 정평이 나 있지만 한번 아니다 싶은 일은 끝까지 주장을 꺾지 않는 고집스러운 면이 있다. 아이의 그러한 단면을 발견했던 때는 유치원 들어가기 전에 떠났던 가족 여행에서였다.

한참 자기 것에 대해 소유의식이 생길 때라서 그랬는지, 자기의 우유병이 아니라는 이유로 밤을 새워 여섯 시간을 내리 울었다. 처음에는 미안하다고 사과하다가, 시간이 흐르면서 더 예쁜 우유병으로 어르고 달래다가 나중에는 버럭 화를 내기도 했지만 상웅이의 울음은 통곡으로 변했다. 결국 새벽 동이 틀 즈음에 바닷가로 데리고 나가서야 울음을 그친 화려한 전적(?)이 있었다.

그때 상웅이는 자기 스스로 하는 일에 한참 재미를 들이고 있었다. 자기 스스로 자기의 우유병을 들고 마시는 일도 아마 그 일 중의 하나였을 텐데 그것이 불가능해진 데에 대한 찌증이었다.

그때 우리 부부는 잠도 못자고 상웅이를 어르고 달래는 데 시간을 보내야 했지만 알게 된 사실도 있었다. 아이가 여섯 시간 동안이나 울 수 있었던 것은 그만큼 스스로 하고자 하는 욕구가 크다는 것이고 결국 여섯 시간 동안 울음에 몰입했다는 것이다.

스스로 하는 습관이 상웅이에게 자리 잡아 가면서 생긴 가장 기분 좋은 변화는 열정이었다. 목적을 찾아 스스로 행동으로 옮기기 때문에 쭈뼛거리거나 소극적이지 않고 뭐든 적극적인 아이가 되었다. 게임에 빠져 있을 때도 자기가 좋아서 하는 일에서 열정을 발휘했고, 뒤늦게 공부에 집중할 때도 목적이 이끄는 대로 열정을 발휘했다.

초등학교 2학년부터 시작한 게임은 하루 종일 밥도 먹지 않은 채 매달리는 열정을 발휘하게 했다. 밥도 먹지 않고 게임을 하루 종일 했으니 어느 정도 시간이 지나자 토하기까지 했다. 아이 곁에서 그러한 광경을 목도하셨을 외할머니의 근심 걱정이 이만저만이 아니었을 것이다. 그럼에도 상웅이는 좋아하는 게임을 했지만 게임을 연구해 나갔고 그 안에서 열정을 발휘했다.

뿐만 아니었다. 아이가 태어날 때부터 집안에 책을 가지고 놀게 하자는 우리 부부의 생각 덕분에 상웅이는 늘 책에 둘러싸여 살았다. 자기 스스로 책을 펴 보고 필요한 책을 요구하는 등 책은 아이의 장난감과도 같았다. 상웅이가 책을 읽을 때는 몇 시간씩 앉아서 또는 뒹굴거리며 읽었는데 완전히 내용에 빠져 있었다. 물론 상웅이가 선택한 책이 교양과 학습으로 연결되지 않은 내용들도 있었지만 그것은 별로 상관할 바가 아니었다. 자기 스스로 책을 선택하고 내용에 빠져 생각할 수 있다는 사실만으로 상웅이는 충분히 열정을 발휘하고 있었다.

중학생이 되어 공부에 대한 목표가 확실해진 상웅이는 열정을 뿜어내기 시작했다. 그때는 부모도 옆에서 열심히 프로모션해 주며 그동안 사용을 자제했던 '공부'란 단어를 쓰기 했다. 그동안 연구하고 탐구하는 것이 더 중요했지만 이제는 구체적이고 정확히 알아야 하는 시기라는 생각에서였다.

유태인들이 자녀들을 교육할 때 잡은 고기를 주기보다 고기 잡는 방법을 알려주듯이 우리 부부도 상웅이에게 전략적인 면을 알려주고 싶었다. 다행히 어른들의 말을 귀담아 듣는 덕분에 이런저런 조언을 해 줄 수 있었다. 평범하면서도 미루기 쉬운 것들, 예를 들면 공부는 수업 시간에 끝내야 한다는 것과 그날 배운 것은 그날 정리해서 자기 것으로 만들 것, 가르치는 분을 존경할 것 등이었다. 이러한 방법은 그동안 공부를 해 왔던 인생 선배로서 또한 사회생활을 통해 체험하고 느끼고 있는 사람으로서 해 줄 수 있는 조언이었다. 상웅이 역시 자신이 정한 목표를 달성하기 위해 무엇을 해야 하는지 정확히 알고 있었던 터라 우리의 조언을 받아들여 주었다.

사실 상웅이는 과학고 입시를 준비하면서도 중학교 1~2학년까지는 자신이 조직한 동아리 활동이다 틈틈이 즐기는 게임이다 해서 공부와 게임에 양다리를 걸치고 있던 셈이었다. 그런데 중3에 올라가자 아이가 점차 변하기 시작했다. 그 당시 상황이 좋은 편이 아니었다. 과학고를 가기 위해서는 반드시 수상 실적이 필요했는데, 그동안 경시 경험도 없는 데다 중2때 나간 용인시 수학경시대회와 한국수학올림피아드에서 입상도 못하는 참담한 결과를 얻었다. 부모로서도 안타까웠지만 본인은 더욱 급해졌다.

"엄마, 이제부터 정말 공부를 해야 할 것 같아요. 제가 가진 게 없잖아요. 저…… 공부합니다."

어느 날 상웅이는 이런 선언을 하고 지옥의 레이스로 들어갔다. 내신 성적은 그나마 좋은 편이었지만 과학고에 가기 위해서는 비슷한 실력의 아이들과 단 1점 차이로 경쟁해야 하며, 수상 실적으로 판가름 나기에 결심을 단단히 한 듯 보였다.

상웅이는 진심으로 공부하기 시작했다. 여름방학이 된 뒤로는 얼굴을 보기가 힘들었다. 거의 학원에서 살다시피 하면서 공부에 몰입하는데 아침 출근 전에 잠깐 아이의 얼굴을 보며 이야기하는 정도였고 나머지 시간은 본인이 알아서 조절하고 있었다.

"주말인데 바람 좀 쐴까?"

"주말이요? 에이 그런 게 어딨어요."

오히려 반문을 하며 공부하러 나가는 상웅이를 보면서 가슴이 찡하기도 했지만, 친구들 말처럼 다크서클로 줄넘기를 할 정도의 피곤함 속에는 남모를 열정도 있었다. 부모가 보기에도 저렇게 열정이 넘칠 수 있을까 싶을 정도로 스스로에게 냉철했다.

2학기가 되자 상웅이가 집에 돌아오는 시간은 새벽 3시였다. 따져 보니 하루에 18시간 이상을 공부하는 셈이었다. 비범한 성취를 이룬 사람들의 이야기 『아웃 라이어』에 나오는 내용처럼, 아웃 라이어들의 성공 비결이 자기 분야에서 1만 시간 이상의 경험이란 사실을 상웅이를 통해 얼핏 엿봤다고 해도 너무 과장된 표현은 아닐 것이다.

어쨌든 우리 부부가 직장생활을 하고 있던 터라 곰살맞게 챙겨 주지 못할지언정 그런 것에 연연하지 않은 상웅이가 너무 고마웠다. 그래도 이따금씩 상웅이가 들어오는 기척 소리에 잠이 깨서 방을 들여다보면 상웅이는 다시 열공 중이었다. 복습을 하거나 진도를 따라가기 위해 인터넷 강의를 듣고 새벽 4시가 돼서야 잠자리에 들었으니 다크서클이 생길 만도 했다.

"힘들지 않아?"

"힘들어도 재밌어요. 특히 화학은 정말 너무 재밌는 것 같아요."

"그래? 너는 역시 과학에 재능이 있나 보다."

"좀 더 일찍 공부를 시작했으면 좋았을 걸 싶어요."

"절대 그렇지 않아. 지금 모습이 얼마나 보기 좋은데……."

스탠퍼드 대학교의 캐롤 드웩 교수가 말했던 성장 마인드 세트, 즉 노력이 결과보다 더 중요하다는 부모의 메시지를 자녀에게 전했다. 성장 마인드 세트를 받은 아이들은 어떤 성취를 이룰 때까지 기울인 노력을 칭찬받으면 계속 노력하는 과정에 몰입한다는 연구 결과처럼 상웅이 역시 더욱 배움에 몰입했다.

본인 스스로가 중3 2학기만큼 공부에 몰입했던 때가 없었다고 회상할 정도로 상웅이의 중3 시절은 몰입의 진면목을 보여 준 시기였다. 결국 중3 2학기에 한국화학올림피아드에서 은상을 타고 경기과학고 구술고사를 당당히 통과했다.

상웅이는 불안하던 시간을 몰입을 통해 이겨 냈다. 자신의 핸디캡이라 여겼던 늦게 시작한 입시 공부와 무입상 경력을 바탕으로 몰입의 힘을 발휘해 낸 것이다. 그래서 과학고 합격 소식을 들었을 때 그토록 행복할 수 있었다.

한번 발휘된 몰입의 힘은 웬만해선 수그러들지 않는다. 그 뒤로 상웅이는 자기 스스로 선택한 분야에서 열정과 몰입을 유감없이 발휘했다. 과학고를 조기 졸업하는 과정에서도 배움의 대한 열정은 더 커졌고 대학교에 가서도 자신이 알고자 하는 분야에 스스럼없이 도전하고 몰입해서 결과를 이끌어 내기 때문이다.

사람들이 일에서 재미와 열정을 느끼게 되는 네 가지 조건이 있다고 한다. 자신이 가치 있는 일을 하고 있다고 느낄 때, 그 일에 대한 자신의 선택권이 있다고 느낄 때, 그 일을 할 만한 기술과 지식이 있다고 느낄 때, 그 일을 통해 실제로 진보하고 있다고 느낄 때 열정과 몰입을 경험한다는 것이다.

자립의 습관을 들인 사람은 이 네 가지 조건에서 아주 유리하다. 스스로 한다는 것은 그만큼 가치를 인정하여 선택했음을 의미하고 그로 인해 실력을 발휘할 수 있기 때문이다. 당연히 열정과 몰입을 이끌어 낼 수밖에 없다.

그러므로 자녀들에게 자립심을 길러 주는 것은 평생 열정을 쏟고 몰입할 수 있는 단초를 제공해 주는 최선의 방법이다.

07
친구관계에서
사회생활을 배운다

알고 지내는 어떤 엄마의 고해성사(?) 한 토막을 이야기하고자 한다. 그 엄마는 수학 점수 1점에 일희일비하는 대한민국의 평범한 엄마였다. 초등학교 4학년짜리 아들을 윽박지르기도 하고 공부하란 말을 입에 달고 살았다. 한창 사춘기로 향해 가고 있는 아들과 싸우는 일도 많았고 아들이 엄마 머리 꼭대기에 앉아 놀리기라도 하는 날엔 가끔 등짝을 후려치기도 했다.

그런데 하루는 그 엄마가 어느 모임에서 자녀 교육에 대한 이야기를 듣게 되었다. 모르는 내용은 아니었지만 실천이 힘든 내용을 듣던 중 가슴을 치는 것이 있었다. 부모와 자녀가 진실한 대화를 나누기 위해서는 부모의 '반영적 경청'이 필요하다는 내용이었다. 반영적 경청이란 아이의 의견에 먼저 공감을 하며 들어주는 것이다. 이때 부모는 공감만 하되 방법을 제시한다거나 지시를 해서는 안 되고 아이 스스로 해결 방법을 찾도록 도와주어야 한다. 그래야 아이는 자신이 존중받고 있음을 느끼고 부모와 진심을 털어놓을 수 있다는 내용이었다.

이 말을 듣고 집으로 온 그 엄마는 굳은 다짐을 했다.

'오늘 하루만큼은 반드시 반영적 경청을 실천하리라.'

그리곤 쓰레기를 버리러 아파트 마당으로 내려갔는데 저 멀리서 아들의 모습이 보였다. 그런데 다른 날과 달리 어깨가 축 처져 있었다.

"○○아, 어서 와. 학교 잘 갔다 왔어?"

"……네!"

"무슨 일 있었니?"

"수학 문제를 풀어가지 않아서 벌을 섰어요."

순간 그 엄마는 화가 치밀어 올랐다. 하지만 반영적 경청을 실천하리라 굳은 다짐을 한 지 단 5분도 지나지 않았기에 꾹 참고 또 참았다.

"그랬어? 벌을 서서 기분이 좋지 않았겠다."

"네, 근데 엄마 오늘 왜 그러세요?"

아이도 엄마의 반응이 이상했는지 아주 이상하다는 눈으로 바라봤다. 하지만 엄마는 아랑곳하지 않고 아이를 향해 부드럽게 말을 이었다.

"뭘, 우리 아들 얘기를 들어주고 있잖아."

"근데 엄마, 더 안 좋은 소식이 있어요."

"더 안 좋은 소식?"

"선생님이 수학 숙제를 또 내주셨는데 문제를 또 안 가져왔어요."

"뭐어? 아참, 이런……."

엄마의 속은 이미 부글부글 끓어 넘쳤지만 참고 또 참았다. 아이의 입장에서는 다행이었다. 평소 같았으면 등짝으로 손이 날아왔을 텐데 그렇지 않았기 때문이다. 아이와 집으로 돌아온 뒤에도 엄마는 계속 수학 숙제에만 신경을 쓰고 있었지만 아들은 벌을 섰던 기억은 완전히 잊은 것처럼 TV 시청에 만화책 보기 등등 미운 짓만 이어갔다. 결국 잠자리에 들 시간이 되었다.

엄마는 '대체 넌 숙제는 어떻게 하려고 그래?'라고 소리라도 버럭 지르고 싶었지만 아이 스스로 해결 방법을 찾을 때까지 두 손 꼭 쥐고 참아 내리라 생각했다. 그런데 잠자리에 들면서 아들이 말했다.

"엄마, 내일 아침은 30분 일찍 깨워 주세요."

"30분 일찍? 왜?"

"숙제를 학교에 두고 왔잖아요. 일찍 가서 학교에서 해 놓게요."

이내 엄마에게 후회가 파도처럼 밀려왔다. 아이는 이미 스스로 방법을 다 찾아놓았는데 그걸 믿어 주지 못했다는 반성이 일어났다. 다음날 30분 일찍 아들을 깨웠을 때 아이는 벌떡 일어나 학교로 뛰어갔고 수학 숙제를 해 냈다고 한다. 또한 그날의 일을 계기로 스스로 문제를 해결해 나가는 좋은 습관을 갖추게 되었다는 것이다.

이 아이가 생각해 낸 해결책이 최선의 방법은 아닐 수도 있지만 스스로 방법을 고민했고 행동으로 옮김에 따라 아이는 스스로 하는 매력을 체험한 셈이다.

상웅이 역시 자립을 통해 인간적인 매력을 갖출 수 있었다. 진정한 자립은 관계에서 성공하는 것이라는 우리 부부의 철학 덕분인지 한 번도 친구로 인한 문제를 일으킨 적이 없었고 조금 더 칭찬을 보태자면 친구들에게 인기가 좋은 편이었다.

"상웅이는요, 공부도 잘하면서 전혀 티를 내지 않아서 좋아요."

이러한 이야기를 듣는 당사자는 무척 쑥스러워한다. 스스로 필요에 의해, 스스로 목적에 의해 공부했을 뿐이고 당연한 것인데 자랑하고 티 내는 것이 오히려 이상하다는 것이다. 간혹 성적 좋은 아이들이 어깨에 벽돌 수백 장을 얹고 사는 모습을 보게 되는데 그것은 진정으로 자립한 모습이 아니다. 진정한 자립은 관계에서 성공해야 한다. 실제로 사회생활에서 성공적이지 못한 사람들의 결정적 특징이 지식 수준에 있는 것이 아니라 대인관계였다고 한다. 조금 앞서 간다고 해서 교만하다는 것은 다른 사람에게 보이기 위함이고 스스로의 매력을 갖추지 못한 사람이다.

진정한 자립이란 자기 스스로의 능력을 형성하는 것도 있지만 타인과의 관계에서도 자립이기도 하다. 요즘 캥거루족이라 불리는 부모의 보호 아래에서만 살아가는 자녀들은 친구관계까지 부모가 개입하여 친구를 맺어 주기도 한다. 얼마나 작위적이고 기계적인 만남이겠는가. 그런 면에서 우리 부부는 사람에 대해 이해하는 세 가지 원칙 - 누구나 알고 보면 모두 부족한 부분이 있으니 측은하게 생각하라, 누구나 도움을 받고 싶어 하니 먼저 도움을 줄 수 있도록 배려하라, 남을 먼저 인정해 주고 잘하는 부분은 먼저 인정하라 - 을 세워놓고 상웅이에게 늘 강조했다.

한번은 상웅이가 초등학교 2학년이 되었을 때 학교로 깜짝 방문한 적이 있다. 학부모 상담이 있었던 터라 선생님을 뵙고 반가운 마음에 상웅이를 찾았는데, 때마침 쉬는 시간에 상웅이는 친구와 열심히 뭔가를 이야기하고 있었다. 10분밖에 되지 않은 쉬는 시간에 진하게 아들을 만나고 와야 했기에 심하게 아는 척을 하는데, 상웅이는 엄마를 슬쩍 보고는 친구와 계속 이야기를 나누었다. 어찌나 그것이 서운하던지 저녁에 만나 상웅이에게 자초지종을 물었다. 그러자 상웅이로부터 돌아온 대답이 그랬다.

"쉬는 시간은 우리들의 시간이잖아요. 학교에서 만난 친구와 시간을 보내고 있는데 엄마 때문에 방해받고 싶지는 않아요. 친구한테도 예의가 아니잖아요."

그날 심하게 자기관리를 하고 있는 상웅이의 모습에 서운함이 남기도 했지만 친구를 배려하는 모습은 참 예뻤다.

그래서일까, 상웅이는 초등학교 5학년과 중학교 2학년 때 전교 부회장에 선출되었다. 본인의 의사였다기보다 주변인들로부터 떠밀리다시피 선거에 나가서 당선된 결과였다. 친구들은 평소 상웅이를 의지하고 신뢰했다. 상웅이가 부모에게 의존적이지 않고 무엇이든 스스로 하려다 보니 주변 친구들을 도움을 주고받는 동료로 인식했고 친구들은 그런 상웅이를 든든하게 여겼던 것 같다.

"상웅아, 네가 하려고 한 거니?"

"아니요, 친구들이 저보고 나가 보라고 했어요. 자기들끼리 출마추천서를 돌려서 쓰고 만들어서 밀려 나가게 되었어요. 제가 나가면 선거운동은 자기들이 알아서 해 주겠다고 해서 어쩔 수 없이 등록하게 되었어요. 일단 등록했으니 열심히 해 보려고요."

사실 부모로서 학교 일도 제대로 할 수 있는 상황이 아니었기에 겁도 덜컥 났지만 상웅이를 믿고 밀어 주는 친구들에 대한 고마움과 스스로 해 보겠다는 아들의 모습에 우리 부부도 적극적으로 참여를 했다. 그날로부터 선거용 포스터를 만들고 선거용 비품은 우리가 담당했다. 상웅이는 차근차근 선거를 준비해 나갔다. 상웅이는 초등학생들 사이에서 선망의 대상인 만능 스포츠맨도 아니었고 그리 활달한 편은 아니었기에 유리한 편은 아니었다. 하지만 가까운 친구들 사이에서 신망을 얻다 보니 친구들 스스로 선거운동원이 되어 선거 전략을 짜고 맨투맨 설득 작전을 펼치는 등 치열한 선거 운동을 벌였다. 결과는 우리도 예상치 못한 300표 대 200표로 대승을 거두었다.

중학교 1학년 말에 뽑은 2학년 전교부회장 선거에서도 마찬가지였다. 당시 상웅이는 분당에서 수지로 이동한 상태로 중학교에 진학했기에 친구들 인맥도 거의 없는 편이었다. 그런데도 친구들이 상웅이를 밀었고 많은 표 차이로 당선을 거두었다.

전교 부회장이라는 감투 때문이 아니라 그 두 번의 선거를 통해 상웅이는 인간관계에서 성공한다는 것이 얼마나 큰 힘이 되는지 깨달았을 것이다.

상웅이의 비하인드 메모장
- 상웅이의 학습에 대한 생각

공부 방법에 대한 기본 신념 두 가지

❶ 공부를 어떻게 하면 잘 할 수 있을지 계속 연구하자.

❷ 연구=자료 수집+다른 사람(특히 친구)으로부터 배우기+실험+피드백

공부의 속성

❶ 몇 번 읽었느냐, 몇 시간 공부했느냐보다 얼마나 알고 있느냐가 중요하다.

❷ 아무리 공부를 많이 해도 시험을 보기 전까지 잊어버리지 않기 위해 계속 공부해야 한다.

❸ 공부가 진행되는 속도와 효율이 시시각각 바뀐다.(주로 예상했던 것보다 늘 떨어진다는 거…… ㅜ.ㅜ)

내겐 다른 모범생들처럼 빼곡히 적어 놓은 학습 계획표가 없다. 물론 아예 없는 것은 아니지만 시간 단위, 분 단위로 끊어 놓고 공부를 하는

것이 어렵다. 왜냐하면 앞서 느낀 공부의 속성 때문이다.

그렇다고 해서 아주 계획을 짜놓지 않았던 것은 아니다. 다만 전체적인 공부의 진행 순서와 대략적인 계획을 머리에 넣어 두긴 했다. 대신 공부의 효율과 속도적인 면을 체크해 가면서 계속 수정해 나가는 방법이었다.

예를 들어 오늘 국어와 수학 1~2단원을 하기로 작정했다면 전체적으로 두세 시간 단위로 끊어 과목을 분류한 뒤, 또 다시 그것을 단원별로 구분하는 정도이다. 하지만 그날따라 국어 1~2단원이 잘 풀리지 않을 경우 시간을 좀 더 투자해서라도 확실히 이해하고 넘어가는 방식이다. 그러다 보니 어떤 날은 그날 끝내야 할 공부의 양이 효율적으로 운용되기도 하고 또 어떤 날은 풀리지 않아 새벽을 지새울 때도 있었다.

하지만 중요한 것은 전체적인 계획은 세우더라도 공부의 속성에 따라 효율적으로 계획이 수정 가능해야 하고 늘 공부하는 방법에 대해 더 나은 방법을 연구·반영해야 한다는 사실이다.

상웅이의 책읽기는 오래 전부터 시작되었고, 정독하는 습관을 통해 늘 생각할 수 있도록 유도했다. 그러다 보니 소파에 뒹굴뒹굴 누워 저절로 상상하는 버릇이 생겼고, 책을 읽다가도 히죽거리며 웃고 식사 때를 거르기도 했다. 하지만 우리는 그 상상의 시간, 생각의 시간을 막지 않으려 했다. 생각의 맥을 끊느니 하루 한 끼 건너뛰는 게 낫기 때문이다.

●● PART 5 ●●

상웅이네 공부법 3단계

배우는 방법 자체를 가르쳐라

01

생각하는
힘을 키운다

"유치원 다닐 때 집에서 빈둥빈둥했던 기억이 나요. 집에 오면 외할머니는 집안일이 많으셔서 저 혼자 있을 때가 많았거든요. 그러면 별로 할 일도 없어 누워서 이 생각 저 생각 온갖 상상을 하면서 지냈어요. 아마 그때부터 생각이 많아졌던 것 같아요."

상웅이가 언젠가 이런 말을 해 왔다.

상웅이는 지금도 어떤 사안에 대해서도 먼저 생각하는 버릇이 있다. 입술을 꼭 다물고 어느 정도 생각을 정리하는 시간을 가진 다음 선택하는 습관 때문에 기다리는 시간이 필요하지만 선택에 대해 후회를 하거나 선택을 번복하는 우를 범하는 일이 드물다.

상웅이가 어렸을 때 양육을 맡아 주시던 외할머니께서는 상웅이의 그런 모습을 보시곤 걱정을 하시기도 했다. 조그만 아이가 빈둥빈둥 거리며 소파에 누워 있는 것이 눈에 거슬리기도 하셨을 테다. 그런데도 아이가 뭔가 곰곰이 생각하거나 히죽거리며 웃는 모습은 분명 생각하는 또 다른 단면이었다. 그런 이유로 우리 부부는 상웅이의 빈둥거림도 기꺼이 감사하며 받아들일 수 있었다.

아이로 하여금 생각의 장을 열어 준다는 것은 중요하다. 존경해 마지 않은 이어령 씨께서 경기도와 함께 경기창조학교를 개설한 것도 생각하는 교육의 힘을 보여 주고자 한 시도였을 것이다. 얼마 전 1기를 출범한 창조학교는 기존의 시청각 자료에 의한 학교가 아닌 온몸으로 느끼고 실천하되 자신의 머리로 생각하는 능력을 키워 주는 곳이란 캐치프레이즈를 내걸었다. 아직 이 학교에 대해 어느 정도 검증이 된 것은 아니지만 창조적 인재란 곧 생각에서 비롯되며 생각을 자극하는 데에 앞장서겠다는 학교 설립 취지로도 생각의 중요성을 알 수 있다.

우리 부부 역시 생각하는 교육에 대찬성인 것은 인생을 살다 보니 우리가 받아온 교육 방식에 대해 의문을 품을 수밖에 없었기 때문이다. 초등학교 시절 지고의 진리인양 암기하는 지식에 파묻혀 지냈고, 중고등학교 시절에는 세부적인 사실을 암기한 채 시험답안 쓰기에 급급하여 조금이라도 다른 생각을 가졌을 때는 틀렸다고 하는 등 성적 추락을 맛보아야 하는 현실이었다. 그러나 아이러니하게도 그토록 암기하며 습득한 지식들이 대학에 가면 별로 필요 없게 되는데, 정작 한 단계 더 나아가 연구를 하다 보면 기존의 지식의 틀을 뛰어넘길 기대한다. 자신만의 식견과 안목을 중요시하는 독창성을 요구한다. 이렇게 아이러니한 현실은 우리 부부가 실제 대학원 시절 논문을 쓰면서 깊이 느꼈던 것이었기에 절대로 지식을 획일적으로 받아들이게 해서는 안 되겠다는 생각을 했다. 변함없는 진리이양 무조건 외우는 기계적인 생각에 갇혀 있게 만들고 싶지 않았다. 앞뒤가 꽉 막힌 경험을 되풀이하게 하고 싶지 않았다.

이러한 마음을 갖게 되니 어린 시절부터 생각을 하도록 하는 일은 무엇보다 중요했다. 그래서 상웅이가 어렸을 때부터 생각할 수 있는 환경을 만들어 주었다. 생각을 한다는 것은 생각하는 경험을 통해 자기 나름대로의 관점과 안목을 갖는 것이다. 일단 아이가 생각을 하기 위해서는 자극이 필요하다. 우리는 그것을 조금은 집요한 질문으로 시작했다.

상웅이는 서너 살 되었을 즈음부터 여느 아이들처럼 보자기를 뒤집어쓴 채 베트맨 흉내를 내면서 뛰어다녔다. 영락없는 개구쟁이 노릇을 할 때면 가능하면 우리 부부도 그 놀이에 정식으로 참여하곤 했다.

"베트맨, 우리 집에는 왜 왔나요?"

"응, 상웅이하고 놀려고 왔지요."

"베트맨, 우리 상웅이가 좋은 친구 같나요?"

"응, 좋은 친구야. 나랑 잘 놀아 줘요."

"그런데 보니까 최첨단 무기가 있는 것 같은데? 오른쪽 주머니에 최첨단 레이저 총이 달려 있는 것 같아. 레이저 총은 빛으로 쏘는 총인데 총알 없이 강한 빛으로만 상대방을 제압할 수 있대. 우와, 강력한 무기가 베트맨한테 있었네."

"잉? 정말? 어디 어디. 근데 오른쪽에 총도 있지만 왼쪽에는 로봇 팔도 있어요. 이걸로는 뭐든 다 잡을 수 있거든요."

"그래? 그러고 보니 상웅이 베트맨은 세상에서 가장 강력한 사람인가 봐."

함께 총싸움도 하면서 놀아 주지만 계속해서 질문을 통해 생각을 자극하면 그 즐거움 속에서 상웅이는 베트맨과 혼연일체가 되어 베트맨에 관한 상상의 나래를 펼쳐갔다.

우리 부부는 상웅이가 한창 로봇 조립에 빠져 지낼 때는 관심을 보이며 로봇에 관한 질문을 던졌다.

"이 로봇은 네가 조립했던 다른 로봇보다 훨씬 큰 것 같다."

"맞아요. 이건 최첨단 로봇이거든요."

"다른 로봇이랑 뭐가 달라?"

상웅이는 가뜩이나 로봇을 자랑하고 싶은 상황에서 자신이 알고 있는 지식들을 주르르 쏟아 낸다. 우리는 그저 고개를 끄덕이며 맞장구를 쳐 주면 된다. 한참 상웅이의 이야기를 받아 주다가 이야기 밑천이 떨어질 즈음 다시 자극제를 던져 준다.

"그런데 상웅아, 로봇은 꼭 팔다리가 있어야 할까? 없어도 되지 않을까?"

"에이, 그럼 이상하잖아요. 로봇이 사람 모양을 본떠서 만든 건데……. 그리고 로봇에 팔다리가 없으면 걔네들이 할 수 있는 일이 별로 없잖아요. 튼튼한 팔다리로 사람 대신 적도 물리쳐야 하는데……."

"그래? 그럼 왜 꼭 잘생긴 로봇만 만들까? 로봇도 못생긴 애들이 있어야 하잖아."

"글쎄요? 음, 그건 좀 생각해 봐야겠어요."

"그래, 나중에 네 생각을 알려 줘."

이런 식의 대화는 계속 이어졌다. 학교에 들어가서도 공부하라는 말 대신 여러 가지 상황에 대해 "연구해 봐." "탐구해 봐."라는 말을 자주 사용했다. 연구와 탐구는 기존의 지식을 암기하고 받아들이는 공부라는 의미보다 폭넓은 생각을 요구하는 것이기 때문이다.

"상웅아, 이 개미 좀 봐. 너무 부지런하네. 힘도 무지 센데? 자기보다 더 큰 가랑잎을 끌고 가잖아."

"와, 정말 그렇네요. 나는 무거운 책가방 들고 다니는 것도 힘들 때가 있는데……."

"그렇지? 사람은 자기 몸보다 큰 것을 절대 못 끌고 가는데 개미는 안 그런가 봐."

"정말 개미한테는 괴력이 있나?"

"글쎄다. 한번 연구해 봐. 그리고 네 생각을 말해 줘."

그날 상웅이는 근처 공원에서 만난 개미로 인해 집에 돌아온 뒤 백과사전을 찾아보고 과학책과 인터넷을 찾아가며 개미의 습성에 대해 연구했다.

초등학교에 들어간 후 상웅이는 자신이 소소하게 연구한 분야에 대한 글을 적곤 했다. 예를 들어 한창 수영을 배울 때 착용하는 보조 도구(발판과 힙판)에 대해 어떻게 하면 더 멀리 나갈 수 있는지 생각해서 글을 적었고, 글짓기 교실에 가서 글을 지을 때는 종이에 쓴 글을 원고지에 베껴 쓰는 일명 연습글에 대한 성토(?)와 함께 어떻게 하면 더 창의적인 글을 쓸 수 있는지 나름대로 연구를 거듭하기도 했다. 한창 롤러블레이드를 탈 때는 어떻게 하면 추진력을 주어 속도를 낼 수 있을지 무한 실습과 생각을 해 가며 연구 일기를 쓰기도 했다. 피자와 족발 중에 어떤 것이 더 맛있을지 생활 속에서 일어나는 관심사에 대해서도 열심히 연구했다.

그냥 넘어갈 수 있는 글감이었지만 상웅이는 나름대로 모든 일상에서 연구 대상을 찾았다. 또한 그것을 글을 통해 표현했기 때문에 생각하는 일이 더욱 습관화되었는지도 모른다. 스스로 관심거리를 발견한 뒤 상웅이는 시간 가는 줄 모르고 생각했다. 스스로 파고들어 가는 방법, 스스로 깊게 생각하는 습관을 익혀가고 있었다. 그러한 습관은 계속 이어져 상웅이가 중·고등학교에 가서도 어떤 일도 두루뭉술하게 넘어가는 일 없이 돌아서서 생각하게 되었던 것 같다.

우리 부부가 벤치마킹하고 싶은 유태인의 교육방법의 핵심은 생각하는 힘을 키우는 데 있다. 그들은 어린 시절부터 생각하도록 자극을 받고 유도되며 생각하는 재미를 통해 생각의 훈련을 거친다고 한다. 노벨상 수상자의 약 50%가 유태인이라는 사실로 짐작건대 어린 시절부터 키워진 생각의 힘, 독창적인 사고의 힘이 그들에게 창조적 영감을 불어넣어 준 것이 아니겠는가.

실제로 유태인은 가정에서도 부모로부터 생각하도록 격려 받고 자기 생각을 발표하도록 기회를 받는다고 한다. 생각하지 않으면 사람 취급도 하지 않는다고 할 정도로 이야기하는 것을 즐기고 당연하게 생각하며 상대의 생각을 자신과 조합하여 상승시키는 훈련을 통해 종교적으로 마음의 안정을 얻으면서도 생각의 자신감을 키워나간다.

"네 생각을 얘기해 보아라. 네 생각이 없으면 영혼도 없는 것이다. 왜 생각이 없다는 거니? 그렇다면 너는 살아 있는 송장과 같다고 여기면 된다는 뜻이냐?"

언뜻 보면 살벌할 수도 있을 말이지만 그만큼 생각하도록 자극하는 것이 얼마나 중요한지 반증하고 있는 대목이기도 하다.

자녀로 하여금 생각을 자극하도록 하는 일은 최초의 대화 대상인 부모가 할 수 있는 몫이다. 아이가 스스로 생각할 거리를 찾아내고 습관이 잡히기 전까지는 끊임없이 생각할 화두를 던져 주어야 한다. 그 점에서 부모도 함께 생각해야 한다.

02
아이가 상상하는
시간을 막지 않는다

상웅이가 두어 살이 될 무렵부터 나는 상웅이가 잠자리에 들면 머리맡에서 책을 읽어 주었다. 하루는 여느 때처럼 책을 편 채 동화를 읽다 보니 슬그머니 잠이 오기 시작했다. 그때 들고 있었던 책은 서너 번 넘게 읽어 줬던 『순이와 두꺼비』였는데 이미 내용을 꿰고 있는 데다가 그날따라 무척 피곤했기에 나도 모르게 읽는 중간 중간 눈꺼풀이 감기기 시작했다.

"착한 순이는 편찮으신 엄마를 위해 약값을 마련해야 했어요. 그래서 두꺼비가……."

이 줄이 저 줄인지 헷갈린 채로 읽다 보니 발음도 꼬이고 내용도 꼬였다. 잠자리에 든 상웅이가 내용이 조금 바뀌었다고 알아차릴 것 같지도 않았다. 게다가 책은 내가 가지고 있었기 때문이다. 그런데 예상은 보기 좋게 빗나갔다.

"엄마, 한 줄 띄어 넘었어요. '약값을 마련해야 했어요.' 다음 줄에는 '순이는 구렁이에게 재물로 팔려가기로 했어요.'가 나와야 해요."

상웅이의 따끔한 지적에 나도 모르게 잠이 번쩍 깼다. 서너 번 읽었다고는 하지만 이 정도로 자세하게 본문까지 기억하고 있다는 사실이 놀라웠다. 어쨌든 그날 밤에 정신을 똑바로 차리고 책을 또박또박 읽어 준 기억이 난다.

상웅이는 세상에 나오면서부터 책과 함께 지냈다. 그 당시 우리 부부가 공부를 하고 있을 때이기도 했지만 책의 중요성은 누구나가 알고 있었기에 단칸방에 다른 물건은 없어도 책장은 구비할 만큼 책에 대한 애착이 있었다. 갓난아기였을 때부터 상웅이는 손만 뻗으면 책이 잡히는 환경 속에 자란 셈이다. 상웅이가 걷기 시작할 무렵에는 발에 차이는 것이 책일 정도로 자유분방하게 책을 펼쳐 놓았다. 의도된 계획이기도 했지만 상웅이는 그렇게 발에 차이고 손에 걸린 책을 그냥 넘기지 않았다. 호기심을 가지고 책을 펴고 때로는 입에 넣어 물고 뜯으면서 그림과 글을 머릿속에 넣었다.

"우와, 우리 상웅이 책 읽네. 뭐 읽고 있어?"

"사……과"

"그래? 어디 보자. 이 글자는 '사자'인가?"

"아냐. 사과야."

"아, 이걸 사과라고 읽는구나."

이렇게 관심을 보여 주면 상웅이는 한 번 더 어휘에 관심을 가졌다. 내용 하나하나에 관심을 갖고 읽다 보니 본문 내용을 정확하게 읽고 가는 습관이 잡혀나갔다. 그래서인지 어렸을 때부터 상웅이는 내용 하나도 그냥 넘어가는 일이 드물었다. 상웅이의 책읽기 습관은 아주 어렸을 때부터 시작되었다. 엄마 아빠가 책을 읽어 줄 때도 모르는 어휘가 나오면 묻기도 하고, 또 우리가 되물어 보며 낱말의 뜻을 이해시켰다.

집에는 다양한 책들이 구비되어 있었지만 전집류의 책들이 책장을 차지하고 있지는 않았다. 단행본 위주의 책들이 많았는데 책의 선택은 가능하면 상웅이에게 맡기는 편이었다. 상웅이와 함께 서점으로 나들이 하는 일이 자주 있었는데 서점에 갈 때면 자연스럽게 아동문학 코너로 가서 새로 나온 책, 고전물 등을 두루 살펴보며 책을 선택했다. 물론 부모의 개입이 필요할 때도 있고 아이가 의견을 물어올 때는 도움을 주기도 했지만 어느 정도 책읽기가 습관에 잡히고 나니 아이 스스로 책을 선택하는 데에도 자신감을 얻었다.

초등학교 시절이 되자 상웅이는 '톰터보' 시리즈에 푹 빠졌다. 말도 하고 성능도 뛰어난 자전거 톰터보와 카로 클라로 남매가 모험도 하면서 사건 해결도 한다는 아동용 소설이었다. 어느 날 상웅이가 톰터보 책을 한 권 구입하더니 내용에 사로잡힌 모양이었다. 상웅이에게 책을 사줄 때는 한 권을 모두 읽고 난 뒤에 또 구입을 해주었기 때문에 톰터보 시리즈를 사기 위해 서점을 스무 번도 넘게 들른 것 같다. 어쨌든 상웅이는 톰터보 시리즈를 다 구입하면서 즐겁게 책을 읽었고 그야말로

탐독을 했다.

한 권이 끝날 때마다 우리는 상웅이와 함께 책에 대한 이야기를 나누었다.

"이번에는 톰터보가 어떤 기능을 가지고 나왔어?"

"5권에서는 어떤 모험을 했니?"

"네가 주인공이라면 어떤 모험을 해보고 싶어?"

"거기에 나오는 톰터보의 기능이 네가 타는 자전거에도 있다면 어떨 것 같아?"

책과 관련된 내용의 생각할 거리를 제시할 때 상웅이는 특유의 생각하는 버릇을 작동한다. 또한 그러한 질문이 다음 책에서도 이어질 수 있도록 유도하면 상웅이는 분명히 책을 읽으면서 질문을 머릿속에 넣고 읽는다. 그렇게 또 한 권이 끝나면 상웅이는 서점가는 길에 득달같이 달려와 자신의 생각을 말하곤 했다.

"엄마, 제가 생각해 봤는데요. 제가 타는 자전거가 톰터보 같다면 무척 편리할 것 같기는 해도 어느 정도 시간이 흐르면 귀찮아질 것 같기도 해요."

"왜?"

"걔가 말도 하니까 저한테 이래라 저래라 명령할 수도 있을 것 아니에요. 그러면 제가 꼭 기계의 명령에 따르는 로봇 같잖아요."

이런 식의 질문을 주고받다 보면 상웅이는 책이라는 매체를 통해 생각할 거리를 충분히 얻게 되는 셈이다.

그런 면에서 책은 아이로 하여금 생각을 자극하는 아주 좋은 수단이 될 수 있다. 물론 지식과 정보를 얻는 수단이기도 하지만 그것보다는 하나의 문장을 통해, 하나의 질문을 통해, 어휘를 통해 아이는 수많은 생각의 그물을 펼쳐나갈 수 있다는 점에서 책은 정말 위대하다.

톰터보 시리즈로 어느 정도 호기심을 채운 상웅이는 게임에 지대한 관심을 갖게 되면서 게임과 같은 맥락에 놓인 상상의 스토리인 판타지 소설류에 빠졌다. 어떤 사람은 판타지 소설 같은 특정 장르에 대해 거부감을 갖기도 하지만 우리는 오히려 아이가 좋아하는 분야와 연관된 책 읽기란 면에서 지지해 주었다.

상웅이는 시도 때도 없이 컴퓨터 게임과 함께 판타지 소설을 해치웠다. 게임이 스토리를 기초하여 상상 속의 세계를 확장해 나가는 방식이란 면에서 일맥상통했는지, 게임을 하지 않는 시간이면 상웅이는 아주 자유로운 자세로 책에 파묻혔다. 책을 읽다가도 자신의 생각과 일치하는 부분이 나오면 혼자 히죽대기도 하고 낄낄거리며 웃기도 했다. 그런 모습을 볼 때면 외할머니께서 걱정스런 눈빛을 보내기도 했지만 그것은 상웅이만의 생각 표현이었다.

우리가 할 일은 상웅이가 책을 편독하지 않게 하되 관심 있는 분야의 책읽기를 확장할 수 있도록 제시하는 일이었다.

"상웅아, 그 판타지 소설을 이해하기 위해서는 과학적인 현상과 연관시켜 알아둘 필요가 있을 거야. 그러니 과학현상에 대해 소개하고 있는 책들도 함께 읽어 보는 건 어떨까?"

"좋아요. 대신 제가 고를게요."

상웅이는 책 내용과 관련된 과학책을 고르기도 했는데, 우리는 백과사전을 권하여 정확한 지식 전달과 이해를 돕기 위해 옆에서 도와주는 정도였다. 상웅이는 아무런 거부반응 없이 책을 읽어 나갔고 자기 스스로 관심 있고 의문이 가는 부분은 다른 책을 통해, 또는 백과사전 등을 통해 정확한 이해를 해 나가기 시작했다. 상웅이는 그 후 해리포터 시리즈나 『반지의 제왕』과 같은 판타지 대작들로 책을 읽어 나갔다.

그러나 편식이 좋지 않듯 책 읽기에도 편독은 좋지 않다. 상웅이가 다양한 분야로 눈을 돌릴 수 있도록 하는 일도 중요했다.

"그런데 상웅아, 이런 책을 쓴 작가들은 어떤 사람들일까? 굉장한 상상력을 지닌 사람들 같지 않아?"

"맞아요. 어떻게 이런 마법 학교를 생각해 낼 수 있었을까요?"

이 정도로 관심이 전환되면 사람에 대한 궁금증이 생겨나고 자연스럽게 인물 서적도 읽을 수 있다. 인물을 알다 보면 시대적 흐름과 더불어 역사도 알게 되니 자연스런 책읽기의 흐름을 잡아 낼 수 있었다.

또한 독서가 전인교육의 장이 된다는 것을 몸소 깨달을 수 있었다. 인성을 결정하는 도덕성과 가치관, 정서와 사랑, 창의 사고력 등 인성을 결정짓는 요소들이 독서에 의해 발달해 나갔던 것 같다.

한번은 상웅이가 하인츠라는 사람에 대한 이야기를 읽었다. 그 사람의 부인은 몹쓸 병에 걸렸는데 마침 발명가가 치료제를 개발했다. 희망을 안고 약을 사러 갔지만 너무 비싼 탓에 사정을 하게 되었다. 하지만 발명가는 그의 사정을 들어주지 않았고 결국 그는 약방문을 부수고 들어가 약을 들고 나왔다는 내용이었다. 책을 읽고는 상웅이가 이런 이야기를 했다.

"저는 하인츠란 사람이 이해가 돼요. 얼마나 가족을 사랑했으면 약방문을 부수고 들어가 약을 훔쳐왔겠어요. 하지만 약방문을 부수고 약을 훔치는 것은 법을 어기는 것이니 잘못이기는 해요. 저라면 그 발명가를 끝까지 설득했을 것 같아요. 폭력을 쓰지 않고서도 감동을 받으면 양심에 따라 약을 줬을 수도 있잖아요. 대신 빨리 설득해야겠지만요."

이미 상웅이는 독서를 통해 사고를 하되 따뜻한 인성이 발달되도록 훈련을 받고 있었던 것이다.

상웅이의 책읽기는 오래 전부터 시작되었고, 우리는 정독하는 습관을 통해 늘 생각할 수 있도록 유도했다. 그러다 보니 소파에 뒹굴뒹굴 누워 저절로 상상하는 버릇이 생겼고, 책을 읽다가도 히죽거리며 웃고 식사 때를 거르기도 했다. 하지만 우리는 그 상상의 시간, 생각의 시간을 막지 않으려 했다. 생각의 맥을 끊느니 하루 한 끼 건너뛰는 게 낫기 때문이다.

이러한 습관 때문이었을까, 상웅이가 중학교 시절 한 교육 단체에서 테스트를 받게 되었는데 그 당시 보통 학생들에게서 나오기 힘들다는 어휘력 점수를 받은 적이 있다. 그때 상웅이와 우리 부부 모두 테스트 결과에 놀랐다. 자기도 모르게 어휘력이 늘었다는 것은 독서의 힘이라고 밖에는 설명이 안 되었다. 실제로 유아에게 언어를 습득하게 하는 데

비디오보다 책이 유용하다는 실험 결과처럼 상웅이는 특별한 노력이 아닌 오로지 책을 통해서만 어휘력이 늘어난 사례였다.

그때 상웅이 입에서 이런 고백이 나왔다.

"엄마 아빠, 초등학교 시절에 글쓰기 공부방에서 글을 쓸 때 말이에요, 사실적인 것을 쓸 때는 다른 애들보다 글쓰기가 약했는데 상상하거나 생각하는 것을 쓸 때는 남들보다 서너 배는 많은 양을 써서 냈던 것 같아요. 그때마다 선생님이 많이 놀라셨는데 저는 상상하는 글을 쓰는 게 정말 재밌었어요. 아마 책을 통해 상상하고 생각했던 습관 때문인 것 같아요."

그래서 세계의 역사를 바꿔 놓은 사람들이 그토록 독서의 중요성을 강조했는지도 모른다.

03
게임으로 영어 공부를 하다

"지금 제일 하고 싶은 게 뭐야?"

"게임이요."

0.1초의 망설임도 없이 상웅이의 대답이 튀어나왔다.

"그래? 그럼 해야지. 대신 세 가지 조건이 있어. 첫째, 그날 할 일은 모두 마치고 할 것, 둘째, 하루 두 시간 넘지 않기, 셋째, 반드시 최고 정상의 위치에 올라갈 수 있도록 게임을 연구하고 생각하면서 살 것. 지킬 수 있겠어?"

"좋아요."

"그럼 좋아. 외할머니께는 우리가 허락했다고 말씀 드릴 테니까 약속 어기지 않고 하는 거야."

상웅이의 엉덩이가 벌써부터 들썩거렸다. 그동안 눈치를 보기도 하고 마치 죄인처럼 숨어서 했던 게임을 내놓고 할 수 있게 승낙을 받았으니 둥둥 뛰는 것도 당연했다.

게임 승낙과 함께 컴퓨터를 거실로 내놓았다. 공개적으로 통제하겠다는 의도도 있었지만 공개적으로 즐기라는 의미도 있었다. 이처럼 게임을 양성화시키고 나니 상웅이는 부모와의 세 가지 약속은 지키려고 노력했다. 상웅이는 누구보다 당당히 눈치 보지 않고 컴퓨터를 켜고 게임의 세계에 퐁당 빠져 들기 시작했다. 당시 열풍같이 불던 PC 게임 시리즈는 물론이고 유명한 온라인 게임인 '리니지'와 '바람의 나라' 등을 신나게 해댔다.

상웅이가 할 일에 대해 날마다 그것을 체크하는 일은 서로에게 스트레스가 될 것이기 때문에 더러는 눈 감고 넘어가기도 하면서 믿어 주었다. 하지만 마지막 세 번째 약속인 게임을 연구하도록 하는 일에 대해서는 최대한 관심을 쏟았다.

"상웅아, 네가 좋아하는 분야에 대해 연구하려면 잡지를 보는 것도 도움이 될 것 같은데 어떻게 생각해?"

"게임잡지요? 좋아요. 궁금한 게 많았는데 잡지를 보면 좋을 것 같아요."

우리는 게임을 허락함과 동시에 보다 체계적인 이해를 돕기 위해 《게임피아》란 잡지를 구독시켜 주었다. 이 잡지를 구독시켜 주면서도 우리는 조건을 내걸었다. 책을 보되 맨 앞에서부터 마지막 페이지까지 반드시 모두 읽는 것이었다. 이 잡지를 권해 주기 전 먼저 내용을 살펴보니 차례에서부터 마지막까지 정독을 하다 보면 게임의 흐름을 파악하고 연구하는 데에 도움이 될 것 같았기 때문이었다. 물론 매호 잡지마다 비슷비슷한 수준이지만 어떻게 읽느냐에 따라 파장은 다르다. 상웅이에게 바랬던 점도 그 부분이었다. 자신만의 방법으로 읽고 생각하여 연구할 수 있는 틈새를 열어 주는 것이었다.

"상웅아, 이번 호에는 어떤 새로운 게임이 소개되었어?"

"이제는 PC 게임이 아니라 온라인 게임으로 가려나 봐요. 새로운 온라인 게임이 많이 출시됐더라고요."

"그래? 온라인 게임이 많아지면 어떨 것 같아?"

"아무래도 온라인상에서 사람들이 함께 게임을 하면 더 실제적으로 느껴지니까 재밌지 않을까요?"

상웅이는 다달이 발행되는 게임잡지를 마치 매뉴얼북처럼 여기며 공부해 나갔다. 나중에 안 사실이었지만 잡지 출간번호까지 기억할 정도로 잡지의 처음부터 끝까지 읽고 또 읽어가며 자신의 정보로 습득해 나갔다.

"엄마 아빠, 이제는 게임이 어떻게 흘러가는지 조금은 이해할 수 있을 것 같아요."

"그래? 아주 대단한 걸 발견했는데!"

점차 아이는 게임의 행위에만 치중하는 것이 아닌 생각과 연구를 하기 시작했다. 앞으로 게임이 어떤 식으로 변화할 것 같고 각각의 게임에 대한 장단점을 스스로 구분해 나갈 수 있게 된 것이다. 안목이 점점 넓어지고 있음이 실감됐다.

"이번에 새로 나온 게임이 필요하다고 했지? 같이 가서 한번 보자."

서점에 가는 날에 이런 제안을 하면 상웅이의 발걸음은 마치 솜털을 얹은 듯 가벼웠다. 책 코너를 지나 CD롬 코너에 있는 상웅이는 여느 때보다 진지했다. 잡지에서 본 게임 CD들을 하나하나 살펴보며 눈빛을 반짝거렸다. 한참을 심사숙고한 끝에 고르고 돌아오면서 이런 이야기를 해 주기도 했다.

"엄마, 오늘 제 메시지 창에 어떤 메시지가 올라왔는지 아세요?"

"으응? 메시지 창? 무슨 메시지?"

"잘 들어보세요. '윤상웅 님의 눈이 빛납니다.' '윤상웅 님의 다리가 전광석화처럼 움직입니다.' '윤상웅 님은 폭주상태입니다.' 등등등"

"엥? 왜 그러는데?"

"눈이 빛나는 이유는 서점에 갔을 때 해리포터 시리즈를 비롯한 새로운 책이 아주 많이 나와서고요. 다리가 빨라지는 이유는 《넷파워》11월호를 발견한 뒤 진열대로 다가가느라 그래요. 그리고 폭주상태가 된 건 새로운 기사를 읽느라 그러고요."

아직도 상웅이의 반짝거리며 좋아하는 모습을 잊을 수가 없다. 집에 와서도 상웅이는 새로운 세계를 탐닉하느라 너무 행복해 했다.

처음 새로운 게임을 접했을 때 그저 마우스를 어떻게 움직여서 진행을 시킬 것인지 연구했던 상웅이는 차츰 전체적인 스토리의 전개를 생각하고 특징적인 점이 무엇인지 기존의 것과는 어떤 점에서 다른지 볼 수 있는 안목이 생겼다.

"이건 막상 해 보니까 지난번 프로그램과 별로 다른 점이 없는 것 같아요. 게임 방식이 더 조잡해졌다고 해야 하나? 어쨌든 내용적인 면에서도 폭력적인 게 많이 나와서 좋지 않지만 캐릭터는 훨씬 자연스러워졌어요. 음, 만약 저라면 온라인 게임답게 상대방과 주고받을 수 있는 아이템을 늘리고 사운드를 좀 더 사실적으로 했을 것 같아요."

게임하는 햇수가 늘어가면서 상웅이는 게임 실력도 컸지만 생각도 깊어졌다. 그 모습을 지켜본 어른들은 끝내 못마땅해 하시며 대체 미래에 어떤 도움이 되겠냐며 걱정하셨지만 그것은 기우에 불과했다. 이미 상웅이는 내용과 형식 방식에 대한 전체적인 생각을 하고 있었고 아이가 살아가야 할 시대에 필요한 매체와 친근해져 가고 있었다. 물론 게임에 대한 전방위적인 정보와 지식 덕분에 친구들에게는 게임에 A부터 Z까지 알려줄 수 있는 절실한(?) 친구로 거듭나 있었다.

고학년이 되면서도 상웅이는 여전히 게임에 빠져 지냈다. 사실 조바심이 나기도 했지만 상웅이를 믿고 싶었고 또 믿어 주었다. 당시 상웅이는 PC게임을 시작으로 온갖 게임을 섭렵하더니 이젠 게임 잡지에 소개된 오프라인 게임에 더 많은 관심을 갖기 시작했다. 그중에서도 TRPG(Table Talk Role-Playing Game)라는 것에 관심을 가졌다.

"TRPG가 뭔데?"

"이건 오프라인 게임인데요. 말하자면 어휘를 발전시킬 수 있는 수준 있는 게임이라고 보시면 돼요."

"이젠 온라인 게임은 안 하기로 했어?"

"안 하는 건 아니지만 지금까지 지겹게 했어요. 이젠 별다른 재미도 못 느끼겠고요. 그런데 이 게임은 좀 달라요. 그때그때 상황이 다르게 전개되기 때문에 조금도 긴장을 늦출 수 없거든요. 늘 생각하게 하고 정해진 답이 없어서 더 흥미로워요. 이 게임은 정말 종류가 다양한데요. 게임 잡지를 보면……."

또 한 차례 장황한 설명이 이어졌다. 상웅이는 생각하게 만드는 게임에 푹 빠지게 되면서 다양한 생각거리를 연계해 나갔다.

"그런데요, TRPG를 하려면 룰북(Rule book)을 봐야 해요. 게임의 규칙을 적어 놓은 책이거든요."

"그래? 그럼 보면 되지."

"그게요. 그 책이 원서로 된 책이거든요."

상웅이가 내민 룰북은 깨알 같은 영어가 빼곡히 적혀 있었다. 엄마 아빠로서도 입이 떡 벌어지는 영어 원서를 아이가 봐야 한다니 한창 바빠지겠다 싶었다. 그런데 그때 다른 방법이 생각났다.

"상웅아, 이건 게임 규칙이지? 우리는 게임을 잘 이해하지 못하니까 게임을 아는 사람이 정리하는 게 좋을 것 같아. 물론 우리가 단어는 도움을 줄 수 있지. 인터넷도 찾아보면 되고."

슬쩍 공을 넘기니 상웅이는 흔쾌히 제안을 받아들였다. 그리고 자신이 가입한 온라인 게임 동아리 형들과 의논하더니 형들과 함께 번역에 참여하게 되었다. 꼭 필요한 부분이라는 절실함이 초등학교 5학년짜리를 아주 두툼한 게임 룰북 번역에 참여하게 만든 셈이다. 결국 그 룰북은 동아리 회지에 번역되어 나오게 되었다. 비록 곁에서 도와준 작업일지언정 상웅이의 룰북 번역서가 완성되던 날, 우리 부부는 아낌없이 칭찬과 격려를 보냈고 아이 역시 자신이 좋아하는 게임이란 분야에 대해 생각하는 계기가 되었을 뿐더러 영어 공부까지 하게 되는 동기 부여가 된 셈이다.

04

게임을 통해
더 큰 꿈을 꾸게 되다

1998년 11월 6일
제목 : 게임 없이는 못살아

나는 게임 회사의 사장이 되고 싶다. 너무너무 되고 싶다! 게임 하나에 죽고 살고! 부모님은 대찬성하셨지만 컴퓨터를 켜면 간섭도 하신다. 휴~ 게임을 못하는 날엔 분해서 눈물이 다 난다. 난 게임을 왕창 재미있게 해서 우리나라를 게임공화국(선진국)으로 만들 거다. 미래에는 DVD보다 소형화되고 용량이 커질 것이기 때문이고 컴퓨터는 작아질 것이기 때문이다.

컴퓨터 게임이 너무 좋다. 엄마 아빠는 늘 내게 게임이 왜 좋은지 이유를 말해 보라고 하신다. 요즘 좋아하게 된 RPG 게임이 좋은 이유를 이렇게 말씀드렸다. 첫째, 내용이 전개될 때 게임 이용자에 따라 획일적이지 않고 다양하게 전개되기 때문이다. 둘째, 중세 시대 배경을 잘 이해할 수 있다. 셋째, 국가 건설 등의 내용을 담은 것이라 건설적인 내용이라 생각한다. 정말로 RPG 게임은 최소한 좋은 게임이라는 생각이 든다. 이 게임을 하고 있으면 내가 건설자가 된 기분이 들게 하면서 마음껏 상상을 펼칠 수 있게 된다. 아마 게임은 내 곁에서 떨어지지 않을 것 같다.

초등학교 시절, 상웅이의 일기장에는 하루가 멀다 하고 이런 내용들이 즐비했다.

하루는 저녁 늦게 퇴근하고 돌아온 길이었다. 시간이 너무 늦어 방문만 살짝 열어 보기만 하려고 하는데 상웅이의 방 틈으로 작은 소리가 새어 나오고 있었다. 굉장히 낮은 소리였기에 단번에 기도 소리라는 것을 알 수 있었다. 순간 호기심이 발동하여 어떤 기도를 하는지 들어 보기로 했다.

"하나님, 제가 게임 지존이 되게 해 주세요."

태어날 때부터 하나님을 영접했던 상웅이는 신앙 안에서 성장했다. 기독교의 신앙이 겸손을 바탕에 깔고 있어야 함과 세상의 빛과 소금의 역할을 감당하는 데에 일조해야 함을 강조했던 우리였다. 상웅이 역시 신앙 안에서 잘 자라며 겸손의 중요성을 배웠고 실천하려 노력했다. 그래서인지 절대자 앞에서 자신을 낮추며 기도하는 일에도 소홀하지 않았다.

사실 상웅이의 기도하는 모습을 그동안 많이 보아 왔지만 그날처럼 간절히 기도했던 날도 드물었다. 그 기도 소리가 어찌나 절절했는지 그 날은 상웅이 방문을 열어 보지 못한 채 문고리를 잡고 상웅이를 위해 기도를 해 주었다.

게임의 지존이 되는 것, 그것은 상웅이가 10대에 접어들었을 때 가졌던 꿈이었다. 그저 광적으로 좋아하는 게임광이 아닌 지존이 되겠다는 것은 게임을 통한 확실한 꿈과 비전을 보았다는 의미였다. 상웅이는 해를 거듭할수록 컴퓨터 게임을 깊이 연구했고 연구를 통해 생각의 깊이를 더했다. 그렇기에 상웅이가 진정으로 되고 싶어 하는 게임 지존이 되기 위해 우리가 도울 일은 생각의 폭을 넓혀 주는 일이었다.

초등학교 6학년, 상웅이의 게임 실력은 이미 수준급이 되었고, 두뇌를 활용해야 하는 RPG 게임 등에 빠져 있었다. 그 어려운 룰북을 번역하는 일도 마다하지 않고 연구에 탐닉하고 있었기에 당시 사업으로 무척 바빴던 상웅이의 아빠도 가능한 한 아이를 도와주려고 나섰다.

"아빠, 이번에 동숭동에서 게임 컨벤션이 열린대요."

"그래? 그 소식은 어떻게 알았어?"

"TRPG게임 동아리에서 형들이 알려 줬어요."

"그랬구나. 참가해 보고 싶어?"

"네. 사실 오프라인 게임으로 하다 보니 답답한 부분이 좀 있거든요. 다른 사람들 만나서 게임 얘기도 들어 보고 싶고 우리 게임에 대해 얘기도 해 보고 싶어요."

"그나저나 너, 괜찮겠어?"

"뭐가요? 아, 제가 초등학생이라서요?"

"그래. 거기 동아리에는 형 누나들 뿐이라며."

"그렇긴 해요. 아마 제가 제일 어릴걸요? 그럼 좀 어때요. 짜잔 하고 나타나서 놀래켜 주면 되잖아요. 그리고 게임 마니아들 사이에 애 어른이 어딨어요?"

제법 어른스럽게 말하는 모습을 보니 피식 웃음이 나왔다. 사실 말하는 것이나 행동하는 것이 애어른 같다는 말을 제법 들었던 상웅이였다. 그렇지만 무턱대고 혼자 보낼 수는 없었다. 게임 동아리라는 것이 검증되지 않은 데다 상웅이는 너무 어렸다.

"아빠가 데려다 줄까? 아니면 아빠랑 같이 갈래?"

"데려다 주세요. 가서 만나는 건 저 혼자 할게요."

"그럴래? 그러는 게 좋겠어?"

"네. 게임에 대해 궁금한 것도 많고 얘기도 해 보고 싶단 말이에요."

상웅이 아빠는 그렇게 컨벤션에도 참여하고 심지어 동아리 번개팅까지 데려다 주며 상웅이의 욕구를 채워 주었다. 상웅이는 그 어린 나이에 홍대, 신촌, 동숭동 일대를 활보하고 다니며 대학생 선배들과 게임에 관한 이야기를 나누었다. 그들과 만나고 돌아오는 길이면 얼굴이 벌겋게 상기되어 돌아왔다. 오랜 시간 대화를 나누며 새롭게 알게 된 사실과 생각을 나누며 얻게 된 문화적 충격이랄까, 그러한 파장과 긴장을 즐기는 듯 보였다.

"정말 최고였어요. 그 형은 게임의 고수 같아요. 외국의 게임에 대해서도 정말 많이 알고 있는 데다 앞으로 만들어 보고 싶은 게임까지 아이디어가 굉장해요."

다양한 이들과 만나게 해 준 것은 상웅이의 생각을 더욱 자극하는 계기가 되었다. 상웅이는 더 넓은 시장으로 시야를 넓히며 게임 지존이 되기 위해 박차를 가했다. 이렇듯 전방위적으로 게임에 대해 연구하다 보니 또래 친구들에게는 당연히 인기가 많았다. 자연스럽게 상웅이 주변으로 친구들이 모이면서 게임의 정보를 받아갔고 모르는 부분에 대해 묻기도 하며 게임을 주제로 한 열띤 토론을 벌이기도 했다. 정말이지 그럴 땐 상웅이의 얼굴에서 빛이 났다. 분명히 그것을 즐기고 있었던 것이다.

"상웅아, 게임의 지존이 되고 싶다고 했지?"

"네. 지존이요."

"지존이면 어떤 사람이야?"

"책에서 보니까 황제를 다른 말로 지존이라고 부른대요. 한마디로 게임 황제, 게임에 대해 모든 걸 알고 있으면서 게임업계를 주무를 수 있는 사람이죠."

"오, 그래? 그럼 너는 어느 정도 위치에 있다고 생각해?"

"아직 지존이 되지는 못했어요. 더 노력해야 돼요."

"그렇구나. 네 생각에 어떤 노력을 해야 할 것 같아?"

"게임은 할 만큼 경험해 본 것 같고요, 이제는 어떤 프로그램이 필요한지 프로그램을 연구하면 좋을 것 같아요."

어느새 아이는 지존에 대해 생각을 하고 있었다. 생각이 훌쩍 커진 것이다.

상웅이는 자신이 도달하고 싶어 한 게임 지존이 되지는 못했다. 대신 자신이 좋아하는 분야에 대해 끊임없이 생각과 연구의 노력을 했고 그것을 통해 더 큰 꿈으로 확장시키는 과정을 습득했다. 우리 부부는 지금도 게임광 상웅이가 게임 지존을 꿈꾸게 된 것은 생각 덕분이라고 감히 말하고 싶다.

인터넷 백과사전 위키피디아를 보면 생각에 대한 정의를 다음과 같이 내리고 있다.

'생각은 결론을 얻으려는 관념의 과정이다. 목표에 이르는 방법을 찾으려고 하는 정신 활동이다. 지각이나 기억의 활동만으로는 충분하지 않은 경우에, 어떻게 이해하고 또 행동해야 할 것인가를 헤아리는 활동이다.'

그만큼 생각을 한다는 것은 꿈이라는 목표에 대해 방법을 찾아가는 과정이므로, 생각의 습관을 들이면 꿈과 비전도 자연스럽게 갖게 된다. 그렇기 때문에 선진국 할 것 없이 앞서 가는 이들이 그토록 생각의 습관화를 강조하는지도 모른다.

05
생각의
양을 늘려라

　상웅이가 다니던 과학고는 그야말로 과학에 대해 지대한 관심과 흥미를 가지고 있는 학생들이 모여든다. 그중에는 어렸을 때부터 오로지 이 길을 위해 준비해 온 경우들도 많고 상웅이처럼 뒤늦게 준비를 해서 온 학생들도 가끔(?) 있다. 어쨌든 과학을 사랑하는 미래의 인재들이 모인 곳이니만큼 과학자들에 관한 관심거리도 다양한데 특히 노벨상을 받은 과학자에 대한 연구와 이야기가 자극이 된다. 많은 과학고 학생들에게 존경받는 과학자가 바로 노벨 물리학상의 주인공인 리처드 파인만 박사이다. 그가 이토록 인기를 얻는 것은 과학 분야에서 필적할 만한 업적을 남긴 것도 있지만 과학을 바라보는 그의 따뜻한 시선과 과학을 가지고 놀았던 성장 과정이 더욱 빛을 발하기 때문이다.

　그의 삶과 과학 철학을 수필로 엮어낸 『파인만 씨 농담도 잘하시네』

를 읽어 보면 그가 어떻게 해서 과학의 본좌에 오르게 되었는지 성장 배경을 통해 알려 주고 있다. 그의 부모는 지극히 평범한 인물이었지만 자녀를 교육함에 있어서 아주 특별한 비법을 지녔다.

그의 부모는 아들이 어린 시절부터 과학적으로 생각하도록 가르쳤다고 한다. 아이가 유아용 식탁 의자에 앉을 즈음 욕실 타일로 놀이를 하는데 어떤 날은 일렬로 세운 뒤 도미노처럼 넘어뜨리며 놀았다. 그런 뒤에는 흰색 타일과 파란색 타일을 섞어 놓아 패턴을 배우게 하는 등 패턴과 기초적인 수학적 관계를 생각하도록 했다.

파인만이 브리태니커 백과사전에 관심을 갖게 될 즈음, 하루는 공룡에 대해 백과사전을 보던 파인만이 아빠에게 가서 자랑을 했다.

"아빠, 공룡은 오래 전에 멸종했는데 몸길이가 8미터에 머리 둘레가 2미터나 된대요."

아마 다른 부모 같았으면 호응과 격려로 끝날 수도 있었을 테지만 그의 아버지는 사고의 확장을 주었다.

"얘야, 8미터에 2미터라고 하니까 어마어마하게 클 거야. 아마 이 공룡이 우리 집 앞에 서 있다면 공룡 머리가 2층 창문에서 우리를 내려다보겠지만 너무 걱정은 마라. 머리가 너무 커서 창문 안으로 머리를 들이밀지는 못할 거야. 한번 너도 상상해 보렴."

파인만은 아버지의 구체적이고 상상을 자극하는 설명 덕분에 어떤 정보를 대하든 늘 생각하고 유추하는 버릇이 이어졌다고 한다.

어느 여름날 파인만이 아버지와 숲 속을 거닐며 자연을 만끽할 때였다. 한 아이가 어떤 새를 가리키면서 파인만에게 새 이름을 아느냐고 물었다. 파인만이 모르겠다고 하자 그 친구는 "너희 아빠는 이런 것도 가르쳐주지 않는구나." 하고 비아냥거렸지만 파인만은 오히려 아버지로부터 더 큰 배움을 얻었다.

"얘야, 저 새가 보이니? 저건 스펜서 딱새라고 한다. 그런데 저 새는 이탈리아 말로는 '추토 리피티다'고 포르투갈 말로 '봄다 페이다야', 중국말로는 '충룽태'고 일본말로는 '가타노 데케다'야. 저 새 이름을 세계 모든 나라 말로 알 수 있지만 진짜 저 새에 관해서 하나도 알아낸 건 없지 않니? 네가 알게 된 건 세계 여러 나라 사람들에 대해서고 사람들이 어떻게 부르는지만 아는 거야. 자, 그럼 이제 진짜 중요한 저 새가 뭘 하는지 관찰해 보자."

뿐만 아니라 관성 현상에 대해 파인만이 물었을 때도 그의 아버지는 철학적인 대답을 던져 주었다.

"일반적으로는 움직이던 물체는 계속 움직이려 하고 멈춰 있는 물체는 멈춘 채 그대로 있으려고 한다는 거야. 이런 경향을 관성이라고 한다는데 왜 그런지는 아무도 모른단다. 네가 그 이유를 한번 생각해 봐라."

이러한 무수한 예를 통해 파인만은 무엇의 이름을 아는 것과 그것에 대해 뭔가를 안다는 것은 완전히 다르다는 것을 깨달았다고 한다. 과학자로서 갖춰야 할 좋은 미덕을 갖게 되었던 것이다. 파인만의 아버지는 어떤 질문에도 명확한 해답을 주지 않음으로써 파인만에게 궁금증을 유발했고 그로 인해 단편적인 사고가 아닌 끊임없는 호기심과 탐구심을 갖게 만들어 위대한 과학자를 탄생시켰다. 그는 생각하는 습관, 그것도 꼬리에 꼬리를 무는 생각 습관 덕분에 과학이란 큰 숲을 볼 수 있었을 것이다.

"나무보다 숲을 먼저 보도록 해. 항상 전체적인 의미가 어떤 것인지 먼저 생각해 보는 게 무척 중요해."

상웅이가 어렸을 때부터 우리 부부가 이런 말을 자주 했던 것도 파인만의 아버지가 추구하던 생각 교육의 일환이었다. 나이도 어린 상웅이가 나무는 무엇이고 숲은 또 무엇인지 알아듣지 못했을 확률이 컸다. 그런데도 상웅이의 사고력이 커질 유아기 때부터 우리는 그렇게 넓게 생각하는 방법에 대해 강조하고 또 강조했다. 어떤 날은 상웅이에게 조금 더 쉽게 이해시키기 위해 함께 산을 오르면서 직접적인 의미를 설명하기도 했다.

"상웅아, 산에 오니까 나무가 무척 많지? 뭐가 보여?"

"음, 꽃도 피었고 나무도 무척 많아요. 새도 울고요. 엄마, 나무 모양이 다 달라요."

"그렇지? 그런데 이 나무들이 모두 어디에 있지?"

"산 속에 있어요."

"그래. 그런데 나무만 보고 가니까 숲의 모양을 잘 모르겠다. 그치?"

"네. 아까 멀리서 볼 때는 산이 어떻게 생겼는지 보였는데……."

"바로 그거야. 생각하는 것도 마찬가지야. 눈에 보이는 것만 생각하면 그만큼 전체를 볼 수 없어. 그래서 한 가지만 생각할 게 아니라 전체를 생각하도록 해야 하는 거야."

말없이 고개를 끄덕이는 상웅이가 그저 잘 알아들었기를 바랄 뿐이었다. 상웅이가 성장해 가면서는 아예 대놓고 크게 생각하는 것에 대해 말했다.

특히 좋아하는 분야와 연관 지을 때는 이해가 빨랐다. 게임을 할 때 전체적인 관점에서 볼 수 있도록 유도했는데, 컴퓨터 게임이 왜 활성화가 될 수밖에 없는지, 활성화되면서 어떠한 장단점이 발생할 수 있는지 등 우리의 생각을 소신껏 말해 주었다. 상웅이는 관심 분야인 만큼 스펀지처럼 흡수했고 점점 한 가지 게임이 아닌 전체적인 게임의 흐름을 바라보기 시작했다. 그래서인지 처음에는 게임 자체에만 열광하던 상웅이가 조금 지났을 때는 게임에 대해 정보를 꿰고 있는 고수를 꿈꾸더니, 전체적인 게임을 기획하는 게임 기획자로, 끝내는 게임 시장의 판도를 움직일 수 있는 지존을 꿈꾼 것이 아니겠는가.

그래서일까 상웅이는 다행히 대부분의 상황에서 숲을 보는 생각 습관이 잡혀 있었다. 중학생이 되어 교내 게임 동아리를 창설할 때도 그저 게임을 좋아하는 친구들을 위한 동아리가 아닌 게임이란 문화를 중학생이 어떻게 즐기면 좋을지 고민했고 실행으로 옮겼다. 게임하기에만 국한시켜 친구들을 이끌어간 것이 아니라 게임을 어떻게 즐겨야 하는지, 왜 즐기면 좋은지, 양성화를 통해 어떤 영향력을 끼칠 수 있는지 조목조목 따졌다. 결국 학교 최초로 게임 동아리를 창단시켰다.

이러한 숲을 보는 생각 습관은 특히나 학업적인 면에서 두드러진 성과를 나타냈다. 날이 갈수록 통합적인 사고방식을 요구하는 문제들이 시험에 출제되고 있다. 'A는 B이다.'라는 단순한 지식을 묻는 문제가 아니다. 생전 보지도 못한 문제이지만 그 안에 배웠던 내용들이 담겨 있고 유추해 내어 적용시키는 통합적인 사고를 요구한다. 그러니 무조건 외워서 시험을 보는 아이들은 해결하는 데 어려움이 있다. 외우는 지식에 의해 만들어진, 즉 우리가 지양하는 '기계적인 지식 기능공'으로 길들여지다가는 낭패를 볼 수 있다. 유연한 사고를 하는 것이 힘들기 때문이다.

예를 들면 사진 두 장이 달랑 나와 있는 논술 시험이 있다. 한 장은 빙하가 보이는 사진이고, '오늘날'이라고 적혀 있는 그 다음 사진은 빙하가 녹아 없어진 사진이다. 그 두 사진을 통해 이러한 자연 현상의 대비책과 원인을 분석하여 쓰라는 논술과제이다. 얼마 전 어느 학교에서 출제된 논술의 과제였는데, 사진 두 장을 통해 자연 현상을 유추해 보고 그것을 통한 대비책에 대해 독창적 사고를 해야 한다.

이러한 경우 학생은 지구 온난화에 대한 직접적인 지식도 있어야 하지만 그 온난화가 왜 생겼고 어떻게 해결할 수 있을지 환경이란 전체적인 관점에서 생각하는 사고력이 필요할 것이다. 물론 우리는 논술 전문가도 아니고 교육자도 아니지만 요즘 시험은 이러한 난해한 논제를 통해 학생들에게 통합적 사고를 요구한다는 것은 알 수 있다.

이렇듯 복잡한 사고, 독창적 생각, 숲을 바라볼 줄 아는 안목을 요구한다. 뒤늦게 과학고의 꿈을 꾸고 공부에 열정이 타오른 뒤부터 상웅이는 전체적인 개념을 빠르게 이해해 나가는 방식으로 공부를 이어갔다.

단순한 하나의 개념을 이해하는 데 그치지 않았다. 하나의 상황을 통해 생각의 뿌리를 뻗어 나가는 방식이 상웅이의 공부 방식이었다.

어느 날 코피 터지도록 공부에 몰두하던 상웅이를 자세히 볼 기회가 있었다. 여느 아이들처럼 학원도 다니고 인터넷 강의도 듣는 등 과외적 수업도 들었지만 집에 돌아와서는 늘 자신만의 정리를 통해 그날의 공부를 그날 마무리했다. 시간이 언제까지가 되었든 완벽히 이해하지 않으면 날밤을 새는 것도 불사할 듯 보였다. 자신만의 노트를 활용하여 정리를 해 나갔고 교과 과정 전체를 마인드맵처럼 연결시켜 하나의 큰 나무를 완성시켰다. 전체적인 그림을 그려가면서 세부적인 내용을 이해한 셈이다. 그래서인지 상웅이는 어떤 문제에 대해 그것이 어떤 세부 항목에 들어가며 그 세부 항목의 상위 개념은 무엇이고 그보다 더 상위의 개념은 무엇이라는 생각의 틀이 바로바로 나올 수 있었다.

특히 자신이 좋아하는 과학과 수학에 대해 열의를 보였다. 어려운 문제를 맞닥뜨렸을 때는 끝까지 고민했다. 의자에 앉아 문제를 노려보며 생각에 잠긴 상웅이는 커다란 생각의 늪을 헤치고 다니며 해결의 방법을 모색했고, 천재와 범재의 차이는 생각의 질이 아니라 생각의 양이라는 말처럼 생각의 양을 한없이 늘렸다.

스스로 수학을 잘하기 위해서는 독창적인 발상, 재빠른 적용을 되풀이해야 하고 과학을 잘하기 위해서는 끊임없이 '왜?'라는 질문을 던져 보아야 한다.

이처럼 생각을 하고 사고를 확장시켜 나가는 것은 꼭 필요한 통합적 사고의 핵심이다. 숲을 보는 생각, 자유롭게 상상할 수 있는 생각, 꼬리에 꼬리를 무는 생각의 습관이 곧 창의적인 학습자로서 다가서는 귀중한 걸음이 되기 때문이다.

06
놀이에 끌려다니지 않는 성인으로 성장하다

창조경영의 대가라 불리는 『생각의 탄생』의 저자 로버트 루트번스타인 교수는 위클리비즈와의 인터뷰에서 창의적 인재에 대해 이런 말을 했다고 한다.

"창의적 인재란 미술, 음악, 시 등 다른 영역의 세계도 자유자재로 활용할 수 있는 사람이다. 국가든 기업이든 한 분야의 전문가보다 모든 분야를 자유자재로 넘나들 수 있는 신르네상스인을 키워야 한다. 그러므로 기업은 천재를 키우기 위해 직원들에게 노는 시간을 줘야 한다. 뭔가 다른 경험을 해 보도록 하는 거다. 뭔가 신선한 경험을 줘서 다르게 생각할 수 있는 공간을 열어 줘야 한다."

경영자로서 눈앞의 이익에만 급급한 것이 아닌 궁극적인 선의를 생각했다는 것이 참으로 존경스럽다. 특히 창의성을 기르기 위해 노는 시간을 주자는 생각이 이채롭다.

루트번스타인 교수의 말처럼 노는 것도 참 중요하다. 요즘 아이들이 노는 방법을 잘 몰라 집단 활동을 꺼린다는 이야기도 들린다. 그만큼 세상이 삭막해졌다는 이야기도 되지만 아이들 스스로 노는 방법에 대해 연구하지 않은 이유도 있다.

상웅이는 노는 면에서는 정통한 편이다. 부모로부터 "연구해 봐라."란 말을 자주 들어서였을까, 어릴 때부터 상웅이는 친구들과 노는 것에 대해서도 생각을 한 편이다. 동생과는 나이 터울이 많이 나는 편이라 친구들과 시간을 주로 보냈던 상웅이는 노는 방법을 연구하곤 했다. 초등학교 시절 가장 기억나는 것이 무엇이냐고 묻자, 다른 건 몰라도 친구들과 지내며 놀았던 것이 재밌었다는 대답을 했다. 학교에 가는 것은 재미를 얻는 방법이었기에 어떻게 하면 더 재밌게 놀 수 있을까 생각을 거듭했다는 것이다. 특히 상웅이는 자신만의 능력인 수준 높은 게임력이 있었기에 친구들과 더욱 노는 방법을 다각도로 생각했다고 한다.

"게임을 하고 놀 때도 어떻게 하면 재밌게 놀 수 있을지 생각할 정도였어요. 그러다 보니 새로운 게임 정보를 제일 먼저 입수하고 먼저 해 본 뒤 친구들에게 알려 주는 일이 너무 즐거웠어요."

게임뿐만이 아니었다. 집안에서는 조용하던 아이였던 터라 우리가 잘 알지 못했을 뿐 아이들이 즐길 수 있는 것은 나름대로 즐기고 있었다. 학교에 가서 수업을 할 때나 운동을 할 때도 놀이와 연계해서 생각했다. 한번은 4학년 체육 시간을 하고 돌아와서는 신이 나서 체육 놀이를 하고 왔다는 이야기를 떠들어 댔다.

"공 주고받기 패스를 했는데요. 우리 조가 여섯 명이었거든. 그런데 그냥 하면 재미없으니까 재미있게 하는 방법을 생각해 냈어요. 그래서 규칙을 정했는데 일단 공을 잡지 못하거나 잘못 던져도 술래, 술래는 무조건 패스하는 공을 빼앗아야 하고, 공을 뺏으면 그 공을 던진 사람이 술래가 되는 거예요. 복잡하죠? 그렇게 규칙을 정해 놓으니까 다들 공 잡으러 다니느라 눈이 뻘개져서 얼마나 재밌게 놀았는지 몰라요."

상웅이가 의외로 잘 노는 모습은 바깥 현장에서 자주 목격되었다. 매년 여름마다 보낸 성당의 여름캠프에서 본 상웅이는 우리가 알고 있던 아이가 아니었다. 집에서는 노래나 춤 한 번 하지 않던 아이가 캠프에 가서는 친구들과 춤과 노래를 온몸으로 즐기고 있었다. 게다가 6학년 때는 성당 크리스마스 행사에서 개그맨 분장을 하고 나와 바보 할아버지 역할을 천연덕스럽게 했다. 알고 보니 자신이 직접 제안해서 친구들과 개그 대본을 짰던 것이다.

중학교 시절이 되면서 외부로 나가는 행사가 많아졌을 땐 상웅이는 놀거리를 더욱 연구해 나갔다. 현장체험학습으로 놀이동산 같은 곳에 갈 때면 '어떻게 하면 더 재미있게 하루를 보내고 올 수 있을까'를 연구했다. 전날 밤부터 인터넷을 뒤지며 놀이기구를 타는 코스부터 어떤 이벤트를 즐길 수 있는지 나름대로 계획을 세우는 것이다. 자기 혼자만 즐기려는 것이 아니라 친구들과 함께 놀고 즐기며 누리려는 의도였다. 그래서인지 하루 종일 현장학습을 갔다 온 날이면 집에 온 아이가 녹초가 되어 있던 적이 많았다.

상웅이의 노는 것에 대한 연구는 계속 이어졌다. 과학고 시험에 합격한 뒤 신입생 소집행사에 자기소개를 하는 과정이 있었다. 상웅이에게는 그 행사가 일종의 놀이였다. 한동안 학업에 매어 있었기에 풀어져 있을 수도 있었겠지만 그때부터 또 다른 연구가 시작되었다.

"엄마, 저를 어떻게 소개하는 게 좋을까요?"

"글쎄다. 과학고 친구들과 처음 인사하는 자리라서 고민이 되나 보네. 그런데 뭐 그렇게 고민할 게 있을까 싶은데 가볍게 인사하는 자리 아닌가?"

"에이, 그게 아니에요. 뭐든 생각해서 새로운 걸 보여줘야죠. 게다가 우리 학교 신입생 자기소개 시간이 재밌기로 유명하대요."

즐거운 고민에 빠진 상웅이가 선택한 것은 마술이었다. 때마침 마술사 이은결이 인기였기에 시류적으로도 맞고 좌중을 압도하며 즐길 수 있는 부분이라고 생각했던 것 같다. 입학하기까지 1개월 정도의 시간 내내 상웅이는 마술 연습에 매달렸다. 인터넷을 뒤져 마술 유료강의를 받기도 하고 마술 용품을 구입하여 매일 저녁 연습했다. 꼭 저렇게까지 해야 할까 싶을 정도로 마술에 푹 빠져 살았다.

드디어 결전의 날이 되었고 상웅이는 친구와 용품을 챙겨 보무도 당당히 학교로 향했다. 아낌없이 응원의 박수를 보내 주는 친구들 앞에서 상웅이는 1개월간 갈고 닦은 실력을 잠깐 동안의 시간에 선보였다.

대부분의 신입생들이 인사만 하고 끝내는 자리에서 상웅이는 단연

돋보였을 것이다. 대충 하는 것도 아닌 강좌까지 들어가며 연구를 거듭해 온 마술이었기에 박수갈채를 받은 것은 물론이고 한꺼번에 호감도가 올라가지 않았겠는가. 첫 출발을 이상적으로 한 뒤 고등학교를 2년 만에 조기졸업하기까지 학업에만 전념하면서도 오케스트라 동아리의 트럼펫 주자로도 활동하는 등 간간이 즐길 건 다 즐겼다. 그럼에도 열정적으로 노는 아이라는 사실을 만천하에 보여 주지 못한 사실을 안타까워했다.

하지만 상웅이의 유전자 속에는 열정적으로 연구해서 노는 놀이 인자가 있는 것 같다. 그래서인지 자신만의 생각과 느낌을 적어 놓은 일기장에는 상웅이만의 유머, 재치 등이 놀이라는 소재를 통해 녹아 있는 경우가 많다. 상웅이는 대학생이 된 지금도 다양한 놀이를 찾아다니며 연구한다. 여전히 게임도 좋아하고 무협지 읽기, 각종 스포츠와 각종 악기 등 놀 수 있는 것이 어떤 것이 있을지 촉각을 곤두세운다. 물론 평생 공부를 하겠다는 뜻이 있기에 학업 연구에 주력하고 있지만, 상웅이에게 학업만이 전부는 아니다. 놀고 공부하는, 한마디로 '즐기는 연구원'을 지향하는 것이다.

한번은 한 학생으로부터 가슴 찡한 이야기를 들은 적이 있다. 그 학생은 어린 시절부터 공부에 전념하여 일류대학에 입학했다. 그런데 이 학생이 스무 살이 지났는데도 고무줄놀이를 너무 좋아하는 것이다. 스무살 넘은 여대생이 폴짝폴짝 뛰면서 고무줄을 넘고 있다는 것이 맞지 않게 여겨져 왜 그렇게 고무줄에 집착하느냐고 물었다.

"초등학교 때 고무줄놀이를 너무 하고 싶었어요. 그런데 저희 부모님께서 절대 허락하지 않으셨어요. 무조건 공부하라며 엄하게 통제만 하셨는데, 그때부터 고무줄놀이를 하지 못한 게 한이 맺혀서 이렇게 하게 됐어요."

노는 것을 진심으로 즐겨 본 아이는 학업도 그와 비슷하다는 것을 깨닫는다. 그런 점에서 상웅이는 일찌감치 노는 것을 연구해 봄으로 혜택을 얻은 셈이다. 일찌감치 호기심을 경험해 봄으로써 쓸데없는 스트레스를 줄였단 이점도 있었을 것이다.

노는 것도 일종의 프로젝트이다. 자녀로 하여금 노는 것을 연구하게 한다는 것은 그야말로 놀이를 통해 자기 주도적인 관계에 설 수 있게 해주는 것이며, 재미있게 때론 엉뚱하게 생각하게 만드는 방법이 될 수 있다. 뒤늦게 고무줄놀이에 목숨 거는 성인보다 자유롭게 놀이를 즐기고 창조해 나갈 수 있는 인재가 훨씬 탁월하지 않겠는가.

과정의
즐거움을 알려주어라

상웅이가 과학고등학교에 입학하면서 우리 가족도 과학고의 여러 행사와 교육의 방향에 대해 자연스럽게 알게 되었다. 기숙사 생활을 하던 터라 주말에나 만났지만 상웅이는 과학고에서 몸과 생각과 정신이 부쩍 성장해 갔다. 초등학교 시절부터 독립적으로 키우려고 노력했고 그래도 중학생이 될 때까지는 매일 볼 수 있었기에 품안의 자식이란 생각을 하곤 했지만, 고등학생이 된 뒤로는 완전히 달랐다. 내심 서운함도 있었지만 점점 완벽하게 독립적인 인격체로 만들어져 가고 있는 모습이 보기 좋았다.

주말에 올 때마다 상웅이는 학교에서의 이야기를 한보따리 풀어 놓았다. 고등학교 생활이 그것도 바깥에서 볼 때는 공부만 하는 환경으로 생각하기에 이야깃거리가 뭐 그리 있겠나 생각할 수도 있을 것이다. 하지만 그렇지 않았다. 그 아이들은 매일 똑같은 날이라고 생각하지 않는 듯 보였다.

"이번 주에는 학교 축제 솔대제 준비로 무척 바빴어요. 다들 시간이 별로 없는데 밤늦은 시간에 삼삼오오 모여서 연습하기도 하고, 저는 오케스트라 연습하느라 좀 바빴어요. 그나저나 밴드 공연 준비하는 걸 보니까 이번에 뭔가 일을 내겠던데요?"

"친구들 대부분이 올림피아드 준비 때문에 다크서클이 입까지 내려올 지경이에요. 모든 과목을 공부해야 하는 내신보다 올림피아드는 자기가 좋아하는 과목에만 집중할 수 있어서 그런지 올림피아드 준비하는 애들은 되게 열정적이에요. 저도 한국화학올림피아드 준비를 하고 있는데 시간이 너무 부족해요. 그런데 학교 기숙사에서는 무조건 새벽 1시에 소등을 해서 애들이랑 솔직히 2시까지는 공부하게 해 주셔야 하는 거 아니냐고 따지기도 했어요. 그런데 결국 어필하지 못해서 화장실에서 공부했지요. 하하!"

그 외에도 과학고의 숨겨진 비화(?)들은 무궁무진했다. 주말마다 들고 오는 이야기들은 야식 배달부터 과학고 폐인에 이르기까지 다양했고 재밌었다. 물론 시쳇말로 '빡세게' 공부해야 하는 일정을 보내는 것은 사실이었다. 하지만 상웅이를 비롯한 학생들은 그러한 일련의 과정들을 무척이나 즐기고 있는 듯 보였다.

과학고의 과정은 확실히 기존의 고등학교 교육 과정과는 다르다. 어떤 사람들은 공부 잘한다는 애들만 모아 놓고 가르치기 때문이라고 말할 수도 있겠지만, 그곳의 교육 방향은 학생들의 생각을 묻고 토론하는 방식을 지향하고 있다. 선생님은 지식을 주입시키는 주체가 아니라 학생들 스스로 생각을 통해 지식을 배우는 데 조언과 도움을 주는 조력자로서 존재한다. 대부분 참가한다는 올림피아드나 R&E 과학전람회, 과학탐구발표대회 등 책상 밖 과학고생들의 활약을 보면 스스로 주체가 되어 능동적으로 움직인다.

한번은 상웅이가 한국과학재단 R&E 프로그램에 나가게 되었다. 'Research & Education'의 줄임말인 R&E는 과학고의 다양한 연구 활동 기회 중 가장 심도 깊은 연구를 할 수 있는 기회로, 스스로 연구 주제를 정한 다음 실험을 직접 설계하고 수행해서 논문을 작성하는 활동이었다. 그러니 교수님이나 선생님들에게 도움은 받을 수 있어도 주체는 학생이 되어야 하는 것이다.

"준비는 잘 되어 가고 있니?"

"음, 주제에 대해 고민이 있어요. 어떤 걸로 할지 아직 정하진 않았는데 조금 더 생각해 보고 고민해 본 뒤 결정하려고요."

상웅이는 그 프로그램을 위해 많이 생각하고 고민해서 주제를 정했다. 생각할 때 나오는 아이 특유의 버릇인 '음'을 수차례 목격했던 것 같다. 결국 발광성 나노입자에 대한 연구를 주제로 정한 상웅이는 놀라울 정도의 집중력과 사고력을 발휘해 나갔다. 그리고 논문을 작성하고 발표한 뒤 좋은 평가를 받았다.

이런 대외 행사에 참여할 때마다 상웅이는 한층 더 성숙해갔다. 물론 꾸준한 사고와 연구로 쌓이는 지식적 깊이도 있겠지만, 과학 현상에 임하는 생각하는 능력을 기를 수 있었다고 생각한다.

무엇이 상웅이를 재미난 학창 시절로 이끌었던 것일까? 늘 잠이 모자라 시험시간 5분 전까지 책상 위에 엎드려 자는 풍경을 보여 주지만 상웅이를 비롯한 아이들은 그 과정을 즐겨 나갔다. 아무리 생각해도 그것은 공부하는 과정이 생각을 자극하고, 다양한 생각을 통해 자연스럽게 배움을 익혔던 때문은 아니었을까 한다. 생각의 다양성을 인정하고 상상하게 만들어 주며 그 상상 가운데 지식을 획득해 나가는 자유를 이미 느낀 이유가 컸으리라 생각한다. 상웅이가 고교 2년간 치열하면서도 멋진 학창 시절을 보낼 수 있었던 것 역시 자신이 원했던 바, 생각을 통한 배움을 마음껏 누릴 수 있어서였을 것이다.

여기서 'Learn by Thinking'에 대해 이야기해야 하겠다.

3년마다 만 15세 학생을 대상으로 실시하는 국제학업성취도평가(PISA)에서 핀란드가 연속 1위를 차지했다고 한다. 어디 내놔도 교육열에는 뒤지지 않은 한국이 2위를 차지했는데, 전 세계적으로 별다른 이목을 받지 못하는 핀란드가 어떻게 하여 1위를 차지하게 되었을지 자못 궁금해져서 그들의 교육 방법을 기웃거려 보았다.

결과적으로 그들은 'Learn by Thinking', 즉 생각하는 힘을 키워 배움을 가속화시킨다는 교육 철학을 적용했다는 것이다. 일반적인 교육의 개념은 'Learn by Teaching'이기에 먼저 배운 사람이 후배들을 가르치면 된다는 생각이 강했다. 하지만 핀란드는 생각을 통해 배우는 교육 원칙을 철저히 적용하고 있다고 한다.

이 나라에서는 "공부는 읽기이다."라고 정의할 정도로 읽기를 통해 지속적인 지적 자극을 받게 하여 전국적으로 도서관을 발달시키는 동전 학생의 독서화를 추구하고 있다. 학교 수업은 무조건 오후 3시면 마치는데 프로젝트(주제별) 방식이 대부분이며 토론식 그룹 수업 형태로 진행된다고 한다. 교과서도 따로 없으며 주제에 맞는 책을 도서관에서 빌려 읽는 것이 전부라고 한다. 토론식 수업답게 자기 의견이나 조사 내용을 발표하며 수업을 마무리하기 때문에 아무리 싫어도 생각하고 말해야 하는 것이다. 아마 교실 밖에서 보면 무척 산만하고 시끄러운 풍경이 될 수 있지만 교실 내에서 선생님의 목소리가 높은 것보다 아이들의 목소리가 흘러나오는 것이 좋은 수업이란 생각이 든다.

이렇게 팀별로 수업을 진행하되 각자의 수준과 관계없이 수업을 하는데 토의와 대화를 통해 서로 가르쳐 주는 효과를 본다고 한다. 친구가 친구를 가르치기도 하고 서로 다른 관점에 대해 설득하는 과정을 통해 상대방의 생각을 수렴하는 아주 귀중한 진리를 배운다는 것이다. 이때 선생님은 팀별로 다니며 그 팀의 수준에 맞춰 진행하는 등 개인별 맞춤 수업도 가능케 한다. 그런 까닭에 한창 공부 스트레스가 많은 중학생 나이에 지식 획득 수준을 평가한 학업성취도 결과를 보면 핀란드 청소년들이 OECD 국가 중 세계 1위를 기록했다.

핀란드라는 나라에서 어떻게 해서 이러한 교육 철학을 가지게 되었을까? 1980년대 초 소련이 붕괴되면서 작은 나라였던 핀란드는 국가적인 위기를 맞았다. 국가적으로는 산업구조를 재편하고 개혁이 필요한 시기에, 가장 큰 문제는 업종전환 실직자 문제였다. 이들을 재교육하여 산업 분야별로 재배치해야 했는데 이때 실직자에게 필요한 것은 새로운 지식이나 기술을 기꺼이 배우고 익히려는 마음가짐이었다.

이러한 배경으로 핀란드의 교육 체계가 바뀌었다. 공부란 이제 학교에서만 하는 것이 아니라 평생공부가 되도록 교육이 이루어져야 한다는 것이다. 자발적으로 새로운 것을 공부하고 익히는 자세가 중요해지자 학교에서는 지식 자체를 가르치는 것이 아닌, 새로운 것을 공부하고 익히는 방법, 즉 지식을 얻는 방법을 익히도록 가르치는 것에 임무가 맞춰졌다. 다양한 시각, 창의적 생각을 자극하는 교육을 실시함으로써 새로운 세계를 열겠다는 국가적 의지이기도 하다.

그래서 핀란드에서는 아이들이 공부에 흥미를 갖지 못한 경우 본인이 원할 때 학교를 그만두었다가 다시 관심을 가졌을 때 수업에 복귀할 수 있도록 하는 등 유연한 교육 체계를 갖추게 되었다. 학교 수업에 전력하도록 교사를 전폭적으로 지지해 주는 것은 물론이고 대학도 별도의 시험 없이 기초 학력이 확인되면 진학이 가능하도록 한다.

이렇듯 핀란드가 교육 정책을 사고하는 것으로 전환한 뒤 그들은 세계 1위라는 명예로운 결과 외에 세 가지 변화를 동시에 얻었다. 첫째 국민들이 배움을 즐기게 되었다는 것, 둘째 학교와 선생님을 기꺼이 찾게 되었다는 것, 셋째 평생공부는 물론이고 개인의 창의적 사고 능력을 향상시켰다는 것이다. 이렇듯 생각하는 교육이 이끌어 낸 국가적 이익은 세계적으로 유명한 휴대폰 업체인 노키아, 무료 운영체제로 유명한 리눅스를 탄생시켰다.

일본 교토 대학의 마에다 총장이 말하길 권위적 리더십은 채찍과 위계질서를 중시하며 예스와 노의 명쾌함을 요구하는 데에 반해 창조적 리더십은 당근과 네트워크를 중시하며 '아마도'와 같은 모호함을 인정하고 예술가처럼 생각하는 것이라 말한 바 있다. 그는 또 자신의 인생에 있어 수많은 멘토가 있었지만 가장 영감을 받은 멘토는 "그건 내가 모르겠는데 당신은 압니까?"라고 묻는 현인들이었다고 한다. 그만큼 생각이 얼마나 중요한지 깨닫게 되는 대목이다. 생각을 통해 배운다는 핀란드의 교육 철학처럼 생각 교육은 이제 전 세계적인 교육의 신념이 되어가고 있다.

상웅이의 놀기 비법
- 노는 것도 전략이 필요하다

 나는 친구를 좋아하는 편이다. 어렸을 때부터 부모님이 맞벌이를 하시는 바람에 외할머니와 있었던 터라 늘 또래 친구가 그리웠다. 그러다가 초등학교에 들어가자 친구다운 친구를 사귀게 되었다. 그때부터 친구를 좋아하게 되고 잘 노는 법에 대해 연구했다.

 노는 것도 전략이 필요하다. 무작정 만나서 뒹굴뒹굴 하는 것도 나쁘지 않지만 효율성이 떨어진다. 가장 좋은 것은 함께 즐길 수 있는 문화를 만드는 것이 필요하다. 나의 경우를 볼 때 시기별로 친구들과 함께 즐기는 문화는 조금 바뀐 것 같다.

- 초등학교 시절 친구들과의 놀이 문화 : 게임
- 중학교 시절 친구들과의 놀이 문화 : 동아리+게임
- 고등학교 시절 친구들과의 놀이 문화 : 동아리 활동+운동
- 대학시절 놀이 문화 : 술+동아리 활동

 관심사가 조금씩 변화되기도 하고 확장되기도 했지만 어쨌든 친구들

과 관심사가 비슷할 때 노는 것도 더 효율적이 된다. 그렇게 될 때 그 분야에 대해 연구할 수 있고, 더 재밌게 즐길 수 있는 방법을 연구하며 그것 자체가 놀이가 된다.

이렇듯 관심사를 공유하게 되면 시간을 효율적으로 운용하는 일이 필요하다. 고등학교에 입학하고 몇 달 지났을 때 공부하느라 시간에 쫓겨 공부 시간만 효율적으로 쓰려고 하다 보니 주변에 친구가 없다는 것을 깨달았다. 매일 혼자 밥 먹고 이동할 때 뛰어 다니고 쉬는 시간에 무조건 자다 보니 그랬던 것 같다.

그때부터 공부를 할 때 하더라도 일부러 '이때는 놀아야겠다.'라고 생각되면 무조건 끝까지 놀자는 원칙을 세웠다. 주로 시험이 끝난 직후가 '맘 놓고' 노는 시간이었는데 그때는 피곤해도 무조건 끝까지 노는 것이다. 아주 간편한 3.6.9 게임부터 시작해서 온라인 게임에 이르기까지 게임을 섭렵하기도 하고 잘하지 못하는 운동이라도 땀 흘려 뛰기도 하는 등 끝까지 놀다 보면 노는 것의 참맛을 알 수 있다.

대학 와서도 이러한 놀기 전략은 빛을 발하는 중이다. 공부 좀 한다고 못 노는 샌님으로 인식되는 것은 죽어도 싫기 때문에 한번 놀겠다고 작정하면 친구들과 끝까지 논다. 작정했을 때 올인하여 놀기에 시간을 쏟으면 욕구해소는 물론, 인간관계에 있어서도 플러스 요인이 된다.

상웅이의 게임 사랑은 초등학교 5학년짜리를
아주 두툼한 게임 룰북 번역에 참여하게 만들었다.
자신이 가입한 게임 동아리 형들과 의논하더니
형들과 함께 번역에 참여하게 된 것이다.

영재를 발굴함에 있어서 대부분의 경우 너무 어린 나이에 테스트를 해보고 구분을 짓는다는 대목을 읽은 적이 있다. 실제로 영재로 구분된 아이들과 그렇지 못한 아이들을 추적 조사해 보니 영재로 구분되지 못한 아이들 중 시간이 더 흐른 뒤 재능을 발견한 경우가 심심치 않게 나왔다고 한다. 그 아이들을 조금만 더 기다려 주고 응원해 주었더라면 좋았을 텐데 말이다. 아이들을 키울 때 가장 경계해야 할 부분이 이 조급증이다. 부모는 아이가 흥미를 느낄 때까지, 목말라 할 때까지 무조건 기다려 주어야 한다.

PART 6
상웅이네 조언

아이의 흥미와
관심을 끌어라

"**저**는 운동에는 영 소질이 없나 봐요."

친구들과 축구를 하고 들어온 상웅이가 약간 힘이 빠져서 털어놓았다. 사실 우리가 봐도 공을 가지고 하는 운동 종목에는 그다지 소질이 없어 보였다.

"남들보다 잘 못한다는 건 빨리 잊는 게 좋아. 대신 남들보다 잘 할 수 있는 걸 찾아서 그걸 하면 되지. 사람은 모든 일을 잘 할 수는 없지만 하나님은 누구에게나 각각의 재능을 주시기 때문에 그걸 발견하면 되는 거야."

그 말이 위로가 되었는지는 모르겠지만 상웅이는 열심히 운동할 거리를 찾았다. 우리 가족도 상웅이가 어느 종목에서 스포츠 정신을 발휘할 수 있을지 고민하던 끝에 태권도를 권유했다. 그것은 구기종목도 아니었기에 상웅이에게 유리했고, 태권도장을 찾던 날 상웅이는 태권도에 지대한 흥미를 보였다.

초등학교 2학년에 시작한 태권도는 운동이기보다 놀이였기에 쉽게 재미를 느꼈다. 3~4학년이 되자 검은 띠를 따면서 점점 자신감을 얻었고, 나름대로 고참이 되고 시범단이 만들어지면서 시범 훈련은 물론 신참으로 오는 회원들을 잡아 주는 리더 역할도 하다 보니 누가 시키지도 않았는데 태권도 3품까지 거뜬히 따냈다. 중학교 시절 새로운 지역으로 이사를 하면서 새롭게 전학 가게 된 곳에 인증서를 가지고 갈 정도로 태권도는 상웅이에게 좋은 자랑이자 취미가 되어 주었다.

태권도로 인해 운동에 관심을 갖게 된 상웅이는 과학고에서 학업과 씨름할 때도 운동에 대한 흥미를 잃지 않으려 했다. 그때는 학교 내에 배드민턴 구장이 있었던 터라 학생들도 자주 운동을 했었는데 어느 날 배드민턴에 관심을 가지더니 독학으로 배웠다.

대학교에 진학하고 교환학생으로 홍콩에 간 후로는 탁구에 정신이 팔려 열심히 공을 쫓아(?) 다닌다는 귀여운 고백을 해 오기도 한다. 워낙 공 다루는 종목에는 남다른 재능이 없다는 것을 자신도 알았는지 나름대로 애쓰고 있지만 그래도 실력보다 흥미에 맞춘 취미 생활에 만족하고 있다는 것이다.

흥미와 관심 법칙은 우리가 지향하는 자녀 교육방법의 기본 원칙이다. 제일 첫 번째로 내세운 이유도 그만큼 중요하고 적절했기 때문이다. 상웅이를 키우면서 억지로 뭔가를 시키려고 했던 적은 거의 없었다. 상웅이가 초등학교 내내 매달려 있었던 컴퓨터 게임도 자신이 관심과 흥미를 가지고 있었기 때문에 적극적으로 지원을 해 주었고, 나름대로 좋은 결과를 얻을 수 있었다고 생각한다. 게임 외에도 상웅이가 뭔가를 하고 싶다는 바람을 비추면 일단은 그 의견을 수용하도록 했다.

그래서 상웅이는 자존감이 꽤 높은 편이다. 자신의 의견을 부모가 수렴해 주었다는 자신감과 관심 분야를 다양하게 가짐으로써 더 많은 것을 경험할 수 있겠다는 믿음이 있었던 것 같다. 상웅이의 친구들도 게임을 전폭적으로 지지해 주던 우리 가정을 무척이나 부러워했다니 흥미와 관심의 원칙이 제대로 발휘한 셈이다.

물론 억지로 시키려다가 실패한 적도 없지는 않다. 태교를 할 때부터 상웅이의 음악적 감성을 길러 주기 위해 음악을 많이 듣던 나는 피아노를 통해 감성적인 부분을 채워 줄 수 있기를 바랐다. 그런데 교습 도중 상웅이가 강하게 거부하는 바람에 중도 포기한 적이 있다. 하지만 그것도 훗날 상웅이의 말에 의하면 교수하는 방법에 문제가 있었던 것이지 본인이 그 자체를 싫어했던 것은 아니었다고 한다. 결국 상웅이는 음악에 대한 흥미와 관심을 뒤늦게 불태우더니 뒷심(?)을 발휘했다. 과학고에 들어가서는 오케스트라 동아리에 들어가더니 트럼펫 연주자로 돌연 변신한 것이다.

"아니 어떻게 트럼펫에 관심을 갖게 되었어?"

"음악을 듣는 것도 좋은데 직접 해 보면 더 재밌을 것 같아서요. 게다가 트럼펫을 보니까 굉장히 남성적이고 소리도 멋있더라고요."

"자신은 있니?"

"해 보는 거죠."

뒤늦게 음악에 관심을 보인 상웅이는 고등학교 시절 트럼펫 주자로 오케스트라에서 활동하더니 대학에 진학하고는 바이올린에 심취했다. 전공 과목 공부하랴 운동하랴 동아리 활동하랴 신앙생활하랴 바쁠 텐데 자신이 흥미 있어 하는 부분에는 전념했다. 시간이 없어서 못한다는 것은 핑계에 불과하다는 것을 몸소 보여 주려는 듯 바이올린 개인 교습을 받고 소리 내는 데 여념이 없다.

"너무 재밌어요. 소리 내는 게 어렵긴 해도 오케스트라에서 바이올린은 꽃이잖아요. 생각 같아서는 무대에도 서고 싶다니까요. 아참, 저 이번엔 데생도 배워 보려고요. 고등학교 때부터 데생이 무척 매력적이었거든요. 이번에도 미대생 친구 하나를 잘 섭외해 놨어요."

반짝거리는 눈빛으로 뭔가에 열중하는 모습이 아름다워 보인다. 흥미를 통해 열정이 생겨나고 열정을 통해 노력이 이루어지며 노력을 통해 성취할 수 있기 때문이다.

어쨌든 상웅이를 키우면서 뭔가 교육을 하고자 할 때는 먼저 아이의 의사를 물어 보고 시작하는 원칙을 세웠다. 가장 중요하게 생각하는 것은 그것에 대해 아이가 흥미와 관심을 가지고 있느냐가 관건이었다. 전혀 관심이 없다면 아무리 그것이 필요한 것이라 할지라도 부모가 기다려 줘야 한다. 아이는 아직 준비가 필요하기 때문이다.

조(Joe)라는 아이가 있었다. 그 아이가 쓴 글씨는 도무지 알아볼 수 없었고 아무리 쉬운 문제도 아이에게는 넘을 수 없는 산과도 같았다. 체육에도 소질이 없어 수백 번 연습해도 나아지지 않았다. 그런데 아이가 단 한 가지 관심을 갖고 있는 부분이 있었다. 모형을 만드는 것이었다. 조의 손에 폐품이 들어가면 멋진 예술품으로 변신했다. 마카로니로 3미터짜리 에펠탑 모형을 만들기도 하고 일회용 컵으로는 우주인을 만들어 냈다. 조가 폐품을 만지고 있는 순간만큼은 누구보다 진지했다. 그러나 누구도 그것을 인정하지 않았다.

그의 재능을 발견한 사람은 다름 아닌 전학생인 체스커 하워드였다. 그 아이는 가정 문제로 여러 학교를 옮겨 다니느라 삐딱해진 심성을 지녔는데 조와 짝꿍이 되었다. 그러던 중 숙제를 도와주면서 우연히 조가 흥미 있어 하는 분야를 알게 되었다. 그 후 체스터는 조에게 공책을 선물하며 "온종일 마음껏 네가 잘하는 것을 하렴"이라고 써서 주었다. 조는 친구의 격려로 자신이 좋아하는 것을 마음껏 하게 되며 자아감을 되찾게 된다.

동화 『삐뚤빼뚤 쓰는 법』의 이 이야기는 한 아이로 하여금 흥미와 관심의 원칙을 적용했을 때 행복한 성취자가 될 수 있다는 것을 보여 준다. 흥미와 관심을 갖고 있다는 것은 그만큼 열심히 할 의사가 있다는 것과도 일치하기 때문이다.

부모는 자녀가 어떤 것에 흥미를 갖는지 늘 촉수를 뻗고 있어야 한다. 순간적으로 그것을 파악하고 지원할 때 아이는 자신의 생각이 인정받았다는 안정감과 동시에 그것을 연구하고 열심히 하려는 능력을 발휘하기 마련이다.

상웅이네 조언 1

- 아이는 자기가 재미있으면 스스로 한다.
- 아이가 흥미 있어 하는 분야는 우선적으로 수용해 준다.
- 흥미 있는 분야가 조심스러울 때는 아웃라인을 함께 정한다.

02

아이를
목마르게 하라

　　목마른 자가 우물을 판다는 속담이 있다. 자신이 목이 말라야 위험과 고생을 무릅쓰고서라도 우물을 파서 물을 마신다는 것이다. 그만큼 절박함이 필요하다는 표현이다.

　우리 부부는 유태인의 교육 방법에서 또 하나의 자녀교육 원칙을 찾았는데 바로 목마름의 법칙이었다. 목마름의 법칙은 상웅이의 게임 인생에서 제대로 발휘되었다. 게임에 푹 빠져 있던 상웅이는 새롭게 출시되는 게임에 혈안이 되어 있었다. 그렇다 보니 자연스럽게 우리 부부도 게임에 대해 정보를 얻게 되고 외국에 출장을 갈 때마다 새롭게 나온 게임 CD를 구해서 제공했다. 그러면 상웅이는 거의 자지러졌다. 그런데 난관에 부딪힐 때가 많았다. 외국에서 구입해 온 것이라 매뉴얼부터 세세한 것까지 영어로 표기가 되어 있었던 것이다.

"상웅아, 이 게임 엄청나게 재밌겠다. 그치? 그림도 화려하고 스토리도 세련될 것 같은데?"

"맞아요. 캐릭터가 너무 맘에 들어요. 그런데 모두 영어네요."

"미국에서 사 온 거니까 그렇지. 그래도 넌 할 수 있을 거야. 열심히 해서 정상까지 극복해 봐."

"알았어요. 한번 해 보죠."

"그래, 사실 영어도 언어라서 단어를 찾아보면 금세 내용 파악이 될 거야. 상웅이는 게임을 잘 아니까 어렵지 않을 걸."

상웅이는 군말 없이 영어 CD를 가지고 돌아섰다. 그리고 몇날 며칠을 매뉴얼을 가지고 끙끙대더니 의기양양하게 컴퓨터를 켰다. 완전히 매끄럽게 해석하지는 못했지만 그만큼 절박했던 상웅이는 어느 정도 파악할 수 있을 만큼 해석한 매뉴얼을 가지고 게임 삼매경에 빠졌다.

목마르게 하는 것은 그뿐만이 아니었다. 우선적으로 초등학교 시기에 가장 관심 있어 하는 게임이란 분야와 다르게 연관시키는 목마름을 유도했다. 게임 지존을 꿈꾸던 상웅이는 게임 개발을 위한 프로그래밍을 하고 싶어 했다. 프로그래밍이라는 것이 수학이 기초가 되어야 하는 것이므로 그쪽으로 프로모션을 해 보았다.

"상웅아, 게임 개발 프로그래밍을 하려면 수학이 기초가 되어야 해. 게임 프로그래밍이라는 게 사실 체계적이고 논리적인 사고를 단지 컴퓨터가 알아듣는 용어로 기록한 거거든."

"아, 그렇구나."

그때부터 성웅이는 프로그래밍이란 분야에 목마르기 시작했다. 그러자 논리적 사고 훈련의 장인 수학에 관심을 보이고 공부하기 시작했다. 초등학교 3학년 때부터 그렇게 수학에 관심을 갖더니 학원에 다니면서 꾸준히 논리적으로 생각하기의 끈을 놓지 않았다.

자녀를 배부른 돼지로 만들어서는 안 된다. 배고픈 소크라테스가 아이의 입장에서는 훨씬 유익하다. 아이들은 누구에게나 잠재능력이 있고 그것을 믿어 줄 때 능력을 발휘하게 된다. 또한 그 능력을 발휘하는 시점은 한계상황에서다. 절실하게 뭔가 필요할 때, 절실하게 뭔가 원할 때 능력이 배가된다. 자기도 모르게 영어가 눈에 들어오기도 하고 미적인 세계가 열리기도 한다. 상웅이처럼 게임에 대한 목마름이 계속되었을 때 영어 해석력이 성장했던 경우도 모두 목마를 때까지 기다렸기에 가능했을 것이다.

목마름의 법칙을 적용할 때는 부모의 기다림이 필수적이다. 아이가 목말라 할 때까지 지켜봐 주어야 하기 때문이다. 많은 부모들이 이 기다림에 익숙지 않다. 늘 시간에 쫓기고 남들과 비교하게 되다 보니 다그치게 되고 뭔가 해결책을 자꾸만 주려고 하는 데 문제가 있다.

『양육쇼크』에 영재 발굴에 대한 문제점이 나왔는데, 영재를 발굴함에 있어서 대부분의 경우 너무 어린 나이에 테스트를 해보고 구분을 짓는다는 것이다. 실제로 영재로 구분된 아이들과 그렇지 못한 아이들을 추적 조사해 보니 영재로 구분되지 못한 아이들 중 시간이 더 흐른 뒤 재능을 발견한 경우가 심심치 않게 나왔다고 한다. 그 아이들을 조금만 더 기다려 주고 응원해 주었더라면 좋았을 텐데 말이다.

이처럼 조급증은 사회 곳곳에 만연해 있다. 우선 가정에서부터 자녀에 대한 조급증이 치유되어야 한다. 아이가 흥미를 느낄 때까지 기다려 줄 필요가 있고, 목말라 할 때까지 기다려 주어야 한다.

상웅이가 과학고 1학년 때의 일이다. 당시 KAIST 서남표 총장이 부임한 뒤 과학고를 방문했는데 그 자리에서 앞으로 대학에서는 영어로만 강의하겠다고 선언한 것이다. 그러자 학생들이 모두 놀라 학원으로 달려갔다. 대학에서 영어로만 강의하겠다고 했으니 미래의 과학자를 꿈꾸는 학생들이 영어에 혈안이 된 건 불 보듯 뻔했다.

친구들이 모두들 하버드 대학을 나온 원장이 운영하는 학원으로 달려가는데 상웅이는 가지 않겠다고 선언했다. 왜 그런 일에 동요치 않을까 궁금해졌다.

"에이, 영어가 학원에 간다고 금방 되는 게 아니에요. 대신 저는 게임 때문에 영어를 더 열심히 했잖아요. 그때 어느 정도 해 놓다 보니 지금은 영어신문 보고 잡지나 소설 보면서 영어를 즐기면서 해도 될 거 같아요. 저 혼자 해도 돼요."

솔직히 그 발언에 조금 놀랐다. 스스로 목말라 터득하면서 배운 영어는 상웅이에게 '살아 있고 의미 있는 언어'가 되었다. 자연스럽게 영어 환경에 노출되면서 영어와 친숙해졌고 게임을 통해 영어에 목마름을 경험한 상웅이는 누가 시키지 않아도 영어책과 자료를 손에서 놓지 않았던 것 같다. 상웅이는 영어를 공부하는 것이 재미있었고 중학교 시절 특목고를 준비하면서 영어소설 토론 수업의 방식을 무척 좋아했다. 그 결과 중학교 시절 영어 시 대회에 출전하여 국내 체류자 부문 1위를 차지하기도 했다. 또한 그 덕분에 과학고에 가서도 외국인 강사의 조크에 유일하게 웃는 학생으로 영어 1등을 유지할 수 있었다. 이러한 결과를 나타낼 수 있었던 원천을 따라 올라가면 상웅이 스스로 영어에 목이 말랐던 이유가 있었다.

언어나 학습, 관심 분야에 관한 모든 것이 목마름의 법칙이 적용될 때 시너지 효과를 낼 수 있다. 목이 마를 때 샘을 파기 마련이다. 부모는 아이들이 목마를 때까지 기다렸다가 슬쩍 프로모션만 해 주면 비약적인 발전을 이룰 수 있다.

상웅이네 조언 2

- 아이가 목말라 하는 게 무엇인지 관심을 갖고 지켜본다.
- 아이가 절실히 원할 때까지 기다려 준다.
- 체험이나 직접 경험으로 목마름을 많이 느끼게 해 준다.

03 아이에게 질문하라

이스라엘은 소수민족이지만 전 세계 지도층 가운데 3%나 되는 이들이 유태인이다. 그들은 어떻게 해서 그런 세계적이고 창의적인 인재를 키워낼 수 있었을까? 많은 학자들이 유태인의 자녀교육법을 연구한 결과 한 가지 특별한 점을 찾았다고 한다.

유태인의 어머니들은 학교에 다녀온 자녀에게 "공부 잘하고 왔니?"라고 묻는 대신 "오늘은 무슨 질문을 하고 왔니?"라고 묻는다고 한다. 이 말은 곧 가르쳐 준 것만을 그대로 받아들이는 말 잘듣는 아이보다는 문제점 또는 궁금증을 찾아내서 질문을 할 줄 아는 인재를 지향한다는 의미이다. 질문을 한다는 것은 창의적인 생각을 할 수 있다는 반증이며, 이스라엘 민족이 그러한 창의적 환경 속에서 성장하여 창의적 인재가 필요한 21세기에 세계적 리더가 될 수 있었던 것이다.

비단 이스라엘뿐만 아니라 현대는 21세기형 인재, 즉 창의적 사고를 할 줄 아는 인재를 양성하기 위해 부단한 노력을 기울인다. 고정된 관념과 지식을 강요하여 지식 기능공으로 키워 낸 로봇 같은 인재보다는 사고가 유연한 사람들이 훨씬 성장에 도움이 된다는 것을 절감했기 때문이다.

그만큼 창의적 사고가 필요하다고 느끼는 시대에 자녀를 잘 키운다는 것은 아이가 행복해질 수 있는 흥미와 관심에 귀 기울여 주되 그 안에서 창의적 요소를 자극해 시대가 요구하는 인재상에 다가가도록 프로모션하는 행위일 것이다. 그래서 우리 부부는 자녀교육의 원칙을 세울 때 창의력 사고를 자극할 수 있는 최고의 행위인 질문의 법칙을 넣었다. 질문은 두뇌를 자극하여 생각하도록 한다. 생각은 다양한 관점을 낳고 그것은 안목을 길러 주어 유연한 사고를 가능하게 만들기 때문이다.

다른 것은 몰라도 우리 가족은 수다스럽지 않았지만 이야깃거리를 만들어 대화를 나누려고 노력했다. 질문은 아주 다양했다. 특히 상웅이가 어릴 때일수록 호기심을 자극시킬 수 있는 질문이 필요했다. 그러기 위해서는 우리 부부가 먼저 호기심 있게 문제의식을 제기하는 방법이 유효했다.

"자동차 바퀴는 왜 모두 동그랄까? 네모로 만드면 멋질 텐데 안 그래?"

"이 게임 CD를 살펴보고 설명해 줬으면 좋겠어. 너무 바빠서 만져볼 시간이 없고 네가 설명해 주면 쉽게 알 수 있거든. 그렇게 해 줄래?"

"이상하다. 시골에 갔을 때는 전봇대가 많았는데 서울에 오니 전봇대가 안 보이네?"

곧바로 대답이 나오기 힘들어도 상웅이로 하여금 그냥 지나갈 만한 것도 생각하게 만드는 것이다. 그러면 상웅이는 그 질문의 잔상이 머리에 남아 생각을 이어가게 되고 며칠이 지난 뒤에도 대답을 하는 저력(?)을 발휘하기도 한다.

뿐만 아니라 일찌감치 상웅이를 어른들의 대화에 참석을 시켰기 때문에 질문을 통해 상웅이의 생각을 들을 수 있었다.

"어제와 비교할 때 오늘은 어땠어?"

"수업 시간에 모르는 것을 용서하지 않아야 해. 혹시 궁금했는데 그냥 넘어갔던 것이 있었니? 아니면 오늘은 선생님과 어떤 이야기를 나누었니?"

"과학고에 가겠다고 결심했는데, 결심한 뒤로 네 안에 생긴 변화가 뭐야?"

한 가지 사안에 대해 어떤 생각을 갖고 있는지, 또는 학교에서 무슨 질문을 했는지 등 다양한 질문거리를 던지며 생각하게 하고 그 생각을 통해 아이와 교감을 나누는 것이다. 그래서 상웅이는 또래 애들에 비해 삶이나 꿈 등에 관한 생각을 더 오래 더 많이 할 수 있었다.

뿐만 아니라 질문을 통한 효과를 상웅이 역시 톡톡히 봤던 경험이 있다. 중학생이 된 상웅이는 공부할 때도 늘 대화식 토론 방법을 사용했다. 친구들과 여가 시간을 보낼 때도 뭔가를 묻고 대답하는 식의 대화가 많았던 것 같다. 아마 내용을 한 번 더 정리할 수 있다는 장점 때문이었을 텐데, 본인이 떠드는 수다도 늘 수학이나 과학 내용을 가진 농담이었다고 하니 그들 세계에서는 질문과 답이 자연스런 소통의 과정이었을 것이다.

그러던 중 과학고 입시가 다가왔고 서류 전형을 거친 뒤 구술시험을 앞두게 되었다. 구술고사를 보러 가는 길에도 상웅이는 친구들과 수다를 한참 떨었다고 한다. 물론 지금까지 하던 대로 수학, 과학에 관한 내용의 이야기를 주고받았는데, 농담처럼 주고받았던 질문이 구술고사에 나왔다는 것이다. 그 아이들이 대단한 예지력이 있었다기보다 평소에 즐겼던 질문하기의 놀이가 통했다는 사실이 그저 놀랍고 고마울 뿐이다. 어찌되었건 정확한 예측(?) 덕분에 상웅이는 과학고에 합격할 수 있었다. 상웅이는 그때나 지금이나 뭔가를 묻고 답을 찾으며 수다를 떠는 과정이 모두 공부에 도움이 된다고 말한다.

질문하는 방법에 대해 우리 부부는 배운 것이 없다. 그럼에도 질문에 있어 원칙을 삼았던 것은 상웅이가 흥미 있어 하는 분야에 대해 먼저 질문을 해 주는 것이며, 대답이 나오지 않더라도 기다려 주었고, 질문에 대한 대답에 늘 긍정적으로 받아들여 주었다는 것이다.

『질문의 힘』의 저자 사이토 다카시는 오랫동안 의사소통에 관한 연구를 해 온 학자이다. 그는 이 책을 통해 질문이 얼마나 큰 힘을 지니고 있는지 여러 사례를 들어 설명하고 있는데, 그중에 그가 말하는 좋은 질문이란 어떤 것인지 설명하고 있어 소개할까 한다.

먼저 좋은 질문이란 구체적이면서 본질적이어야 한다는 것이다. 예를 들어 "평소에 뭘 하고 지내세요?"라고 묻는다면 구체적이긴 하지만 본질적인 것에서 벗어난 질문이다. 하지만 "지금 어디에 계십니까?"라고 묻는다면 구체적이면서 본질적이라고 할 수 있다. 그렇기 때문에 자녀들에게 질문을 던질 때도, 또한 질문을 할 때도 구체적이면서 본질적인 것으로 유도해야 할 것이다.

또한 좋은 질문은 자신이 묻고 싶으면서 상대방도 대답하고 싶어 하는 영역의 질문을 찾아야 한다. 그것을 이 책에서는 스트라이크 영역이라 부르는데, 이를테면 "상웅아, 이 게임을 하면 어떤 점이 가장 재미있어?" "상웅아, 친구들과 좋은 관계를 유지하는 비결이 뭐라고 생각하니?" 같은 질문은 묻는 부모도 궁금하며 대답하는 상웅이도 구체적으로 답변해 줄 수 있는 질문이 될 수 있을 것이다. 부모와 자녀의 관계가 순탄치 않은 경우를 보면 이 영역을 벗어나는 질문으로 인해 갈등을 겪는다. 부모는 궁금해 죽겠지만 자녀는 대답하기 싫어하는 부분, "너 점수 몇 점 받았니?"와 같은 대놓고 물어 보는 상황에서 자녀는 좌절감을 느끼게 된다.

이 책에 나오는 질문의 기법에 대해 모두 설명할 수는 없어도 질문이 가지고 있는 힘을 잘 발휘하기 위해서는 좋은 질문이 무엇인지에 대해 먼저 고민하는 노력이 필요할 것이다.

또한 저자는 질문이란 상대방의 상황이나 흥미 관심 등을 짐작해서 자신의 흥미와 관심과 만나게 하는 수단이라고 표현한다. 그는 상대에 대한 공부가 부족한 것이 '질문 능력 부재'의 원인이라고 말한다. 상대에 대해 정보가 없으면 좋은 질문이 불가능하기 때문이다. 이 말은 곧 부모와 자녀간의 좋은 대화가 되기 위해서는 서로에 대해 흥미와 관심을 한 데로 모을 수 있고 끊임없이 대화해야 한다는 말이 아닐까 싶다.

우리 가족은 오늘도 멀리 떨어져 공부하고 있는 아들과 메일을 주고받으며 대화를 나눈다. 질문과 답하기를 통해 단련(?)된 가족이기에 상대의 답 속에서 공감을 하고 서로에게 가깝게 다가간다는 것이 무척 소중하게 느껴지는 순간이다.

상웅이네 조언 3

- 자녀에게 던지는 질문이 구체적이고 본질적인지 생각해 본다.
- 자녀가 질문에 쉽게 답을 하지 못할 때는 좋은 질문이 아니므로 질문을 바꿔서 한다.
- 부모와 자녀의 흥미 분야가 맞닿아 있는 영역에 대한 질문을 한다.

04
아이를 기다려 주어라

그의 고향은 경남 산청이다. 어릴 때부터 무척이나 가난했지만 장남이었기에 부모님의 전폭적 지지를 받으며 대구로 유학을 갔다. 형편도 안 되고 머리도 안 되던 그는 유학을 간 지 1학기 만에 꼴찌 성적표를 받고 집으로 돌아왔다. 자신도 체면이 있는 터라 고도의 기술을 발휘하여 꼴찌를 1등으로 고쳐서 부모님께 내밀었다.

"아니, 니가 정말 1등을 했나?"

아들의 성적표에 아버지는 동네 사람들을 모아 놓고 잔치를 벌였다. 어려운 형편에 그나마 재산목록 1호였던 돼지까지 잡은 채. 사람들은 그의 머리를 쓰다듬으며 한마디씩 칭찬을 해댔다. "그럴 줄 알았다." "어렸을 때부터 그리 똑똑하더니……." 등등 쥐구멍에라도 들어가고 싶은 칭찬에 그는 죽어 버리고 싶은 마음까지 들었다.

없는 살림에 돼지 한 마리가 사라지고 나자 정신이 번쩍 들었다. 큰 도둑이 된 것 같은 마음에 숨을 쉬지 않아 죽어 버릴 시도도 하고, 주먹으로 머리를 치기도 했다. 그렇게 충격적인 반성을 하고 난 뒤 그는 바뀌었다. 공부에 집중하기 시작했고 마음자세도 고쳐먹었다.

17년이 흐른 뒤 그는 중학생 자녀를 둔 대학교수가 되었다. 45세가 되던 날, 그동안 부모님께 고백하지 못한 것 때문에 아들을 데리고 시골로 내려갔다. 어느새 시간이 흘러 잠자리에 들 시간이 되자 비로소 입을 열었다.

"저…… 어무이 아부지, 실은요. 중학교 1학년 때 1등은요……."

입술을 떨며 고백을 시작하려는데 아버지가 그의 말을 가로채며 말씀하셨다.

"알고 있다. 고마해라. 아가 듣는다."

아버지는 17년 전에 이미 모든 걸 알고 계셨지만 말없이 참고 기다리셨던 것이다. 17년이 지나서야 고백을 했을 때도 손자가 그 말을 들을까 걱정하시던 훌륭하신 아버지, 그의 훌륭한 기다림이 경북대학교 박찬석 총장을 탄생시켰던 것이다.

부모의 기다림은 힘들지만 아름다운 결과를 낳는다. 21세기 정보화 시대에 책 읽기도 속독 속견으로 변해가는 지금, 우리는 빠른 속도에 익숙해져 있다. 그러나 자녀를 교육하는 데는 속도를 줄일 필요가 있다. 속도가 빠르면 못보고 지나치는 게 너무 많다. 놓치는 게 너무 많다.

우리 부부 역시 상웅이와 둘째를 키우면서 공통적으로 느끼는 부분은 기다림의 미덕을 배우고 실천해야겠다는 것이다. 믿고 기다려 준다는 것이 얼마나 힘든 일인지 경험해 봐서 잘 안다. 곧바로 결과가 나오지 않으면 조급하고, 게다가 옆집 누구와 만나기라도 하면 조급증이 배가된다. 그러나 그럴수록 기다림의 법칙을 떠올려야 한다.

우리 부부가 두 아이를 키우면서 그래도 가장 공들인 부분은 언어적인 면이었다. 언어의 발달은 곧 사고의 발전과도 연결되어 있다는 믿음에서였다. 그래서 어렸을 때부터 책 읽기를 비롯한 어휘력 늘리기와 영어에 대한 노출은 꾸준히 해 준 셈이다. 특히 영어는 3세 무렵부터 DVD를 틀어 주며 환경을 조성하여 아이 역시 원어민의 발음을 따라하기도 했지만 어휘력이 늘기까지 오랜 시간이 필요했다.

다행히 두 아이는 영어에 노출된 환경에 거부반응을 보이지 않았고 우리가 할 일은 관심을 가져 주고 필요한 것을 지원해 주는 정도였다. 그것도 좋은 DVD 자료를 제공한다거나 학원에 가고 싶다고 하면 학원을 알아봐 주는 정도였다. 그저 우리가 할 일은 언어습득의 과정을 충실하게 진행해 주는 것이었다. 노엄 촘스키 박사의 말처럼 누구에게나 있다는 언어 본능에 따라 느끼는 영어가 되도록 환경을 만들고 기다려 주었다.

그러다 보니 어느 순간 영어에 귀가 트이기 시작했다. 책 읽기를 통해 어느 순간 어휘력이 폭발적으로 늘어났던 것처럼 조금 늦긴 했지만 영어도 언어적 본능을 발휘한 것이다. 자기 스스로 말을 따라하고 발음까지 정확히 따라하는 모양새가 여간 대단해 보이지 않았다. 한번은 초등학교 시절 영어학원에 다녀온 상웅이가 재미난 고백을 한 적이 있다.

"엄마, 원어민 선생님이 화장실 가고 싶을 땐 꼭 손을 들고 말을 해야 한다고 하셔서 오늘 그렇게 했어요."

"어머 그랬어? 어떻게 말했는데?"

"'나는 화장실에 가길 원한다.'라는 문장을 영어로 만들어 말했더니 이것저것 물으시더라고요."

"우와! 선생님과 대화가 됐단 말이네?"

"네. 급해서 혼났지만 그래도 재밌었어요. 선생님 말씀이 우리 클래스 중에서 정확한 문장으로 말한 사람은 제가 처음이래요."

그동안의 기다림이 빛을 발하는 순간이었다. 기다리면 언젠가는 열매를 맺기 마련이다. 사람에 따라 그 시기가 다르지만 인풋(in-put)이 있으면 아웃풋(out-put)이 있기 마련 아닌가.

비단 영어뿐만이 아니다. 기다림의 법칙은 어디에서나 적용된다. 언어적인 면에서 기다림 끝에 성과를 거두다 보니 우리는 조금 더 여유로워졌다. 상웅이가 게임에 빠져 있을 때도 꿈으로 연결 지으며 긍정적으로 생각했지만 공부에 대해 완전히 손을 놓고 있을 수는 없었다. 그래서 적당히 프로모션해 가면서 흥미를 찾도록 했고 결국 과학고 진학이란 비전을 통해 공부에 스스로를 던졌다.

상웅이가 어렸을 때부터 공부를 못하는 편은 아니었지만 뛰어난 성적을 자랑하지는 못했던 터라 조급한 마음도 있었다. 그렇지만 끼어들고 싶지는 않았다. 스스로 하는 것이란 인식을 심어 주되 곁에서 지켜봐 주는 것에 만족했다. 물론 마음이 들지 않는 부분이 있을 수도 있었다. 하지만 그것을 일일이 신경 쓰다 보면 모두에게 스트레스가 될 뿐이다. 그냥 눈 딱 감고 믿어 주었더니, 상웅이는 스스로 공부에 흥미를 느끼고 목표 의식을 가졌으며 학습의 가속도가 붙었다.

중3이 되어서는 한 차례도 수상하지 못한 과학 올림피아드에서 수상을 하고, 처음에는 자기보다 한참 아래인 동생들과 공부하는 수모를 겪더니 훌쩍 뛰어올라 실력을 키우며 당당히 과학고 합격을 따냈다. 그리고 그 속도를 이어가며 과학고 2년 조기 졸업과 함께 수석 졸업이란 영광도 안을 수 있었다.

물리학에 보면 가속도의 법칙이란 것이 있다. 운동하는 물체의 가속도는 힘이 작용하는 방향으로 일어나며 그 힘의 크기에 비례한다는 법칙이 바로 가속도의 법칙이다. 자녀 교육에 있어 '기다림의 법칙'이 고행이라면 그 결과는 성장이라는 가속도의 열매가 될 것이다. 그만큼 자녀가 성장할 수 있도록 기다려 준다는 것은 가속을 부추기는 힘이 된다.

상웅이네 조언 4

- 누구나 언어 본능을 가지고 태어난다는 신념을 가진다.
- 외국어를 즐기는 환경을 만들어 주어라.
- 조급한 마음으로 자녀에게 질문하지 않는다.
- 다른 친구들이나 학부모와의 비교는 절대 하지 않는다.

05
자립심을
일찍 가르쳐라

"제아들도 상웅이처럼 키우고 싶습니다. 공부할 때나 청소할 때나 무슨 일이든 스스로 찾아서 하며 성실하다는 말의 의미를 그대로 보여 주는 학생입니다. 모든 면에서 정말 잘해 주고 있어 더 이상의 말이 필요 없는 훌륭한 학생입니다."

과학고등학교 1학년 학기말 성적표에 담임 선생님께서 써 주신 글이다. 당신의 아들을 상웅이처럼 키우고 싶다는 표현에 우리 부부는 무척 감사했다. 무엇보다 상웅이의 자립적인 면을 높이 평가해 주시는 선생님의 말씀은 우리 부부가 교육의 원칙을 삼고 있는 '독립의 법칙'이 유효했음을 증명해 주는 것이라 생각한다.

독립의 법칙, 앞서 누누이 강조했던 자립 교육법과 같은 말이다. 어린 나이였음에도 귀에 딱지가 앉을 만큼 '독립적 인격체'라는 사실을 인지시키며 자기 스스로 생각하고 선택하고 판단할 수 있도록 격려한 것은 독립의 법칙을 위한 방법이었다. 혹시나 강박관념이 생기지는 않았을지 스트레스를 받지는 않았을지 염려하는 분들도 있겠지만, 오히려 어릴 때부터 넌지시 이런 말을 해 주는 것이 오히려 더 효과적이다. 특히 초등학교 3~4학년쯤 되면 그 전의 자기 중심적인 사고에서 벗어나 자아를 찾아가는 시기이며 그럴 때 독립적인 인격체로서 대접해 주는 것은 오히려 자신에 대한 존중감을 느낄 수 있다. 상웅이뿐만 아니라 상웅이의 동생까지도 독립의 법칙을 고수하는 것에 많은 효과를 보았다. 언제까지나 캥거루처럼 부모의 주머니 속에 살아갈 것이 아니라 주머니 밖으로 뛰어나와 세상을 뛰어다닐 수 있어야 자립심이 생긴다. 자립심이 있을 때 자신의 인생을 책임질 수 있다.

자녀를 독립시키지 못하는 것은 부모의 욕심이다. 자녀를 위해 희생한다는 핑계 하에 자녀 인생에 포개져 살아가려는 욕구일 수도 있다. 하지만 우리는 인생을 통해 이미 알고 있다, 자녀의 인생이 곧 부모의 인생이라는 말은 완전히 틀린 명제이며 그럴 수도 없다는 것을. 부모가 할 수 있는 일은 되도록 빨리 자녀를 독립시키는 것이다. 되도록 빨리 자녀와 동반자로 인생을 각각 디자인해 나가는 것이다.

상웅이는 다른 아이들에 비해 자립심을 일찍 배웠다. 자기가 해야 할 일은 스스로 했고 또 스스로 하는 즐거움을 만끽했다. 통제받지 않는다는 자유로움, 그 안에서의 책임 등을 즐겼던 것 같기도 하다. 또한 자립이라는 것은 자기 자신과의 약속을 지켜내는 일도 있지만 타인과의 관계에서 스스로 해야 할 일이 있다는 것도 알려주었다. 인격체로서 친구와의 관계에서, 또 선생님과의 관계에서 반드시 이행해야 할 것들을 스스로 해내길 바라는 마음에서였다. 요즘에는 부모가 자녀의 친구까지 만들어 주는 역할을 한다고 한다. 부모끼리 스케줄을 맞추어 놀게 한다고 하니 그게 어떻게 진정한 교우관계가 될 수 있겠는가.

자립심이 있다는 것은 관계에서도 스스로 해결할 줄 아는 것을 의미한다. 상웅이에게 관계에서 이행해야 할 것들, 예를 들어 남을 배려해야 하고 생각을 존중하며 결코 교만해서는 안 되는 겸손함 등에 대해 이야기해 줄 필요가 있었다. 그래서인지 학창 시절을 돌아보면 상웅이의 주변에는 늘 친구들이 많았고, 그 친구들이 자립적인 모습을 보이지 않을 때 속상해 하기도 했다.

한번은 집에 돌아와 보니 상웅이의 기분이 별로 좋아 보이지 않았다. 집에서 친구들과 함께 놀고 있는 중이었다. 겉으로 볼 때 잘 어울려 놀고 있는 것 같았지만 뭔가 단단히 기분이 틀어져 있는 눈치였다. 가만 보니 게임을 하는 상대 친구가 자꾸 옆의 다른 친구에게 도움을 요청하고 있었다. 한눈에 봐도 상웅이가 화를 꾹 참고 있었다. 그러더니 결국 자리에서 일어나 약간 흥분된 목소리로 말문을 열었다.

"아까부터 내가 말하고 싶었는데, 이건 게임이야. 1대 1로 하는 게임이라고. 자기 혼자 하는 게임이니까 자기 스스로 해결해야 하잖아. 왜 스스로 해결하지 않는 거야?"

웬만해서는 화를 내지 않는 상웅이가 정색을 하고 말하니 그 친구는 움찔했다. 그렇다고 그날의 놀이가 그토록 어색한 상태로 끝나지는 않았다. 상웅이는 그 친구를 비롯한 친구들에게 다른 놀이를 제안하고 다 함께 정리하도록 하면서 마무리했다. 친구들이 돌아가고 나서도 상웅이는 친구들이 자기가 해야 할 일을 스스로 하지 않을 때 화가 난다는 말을 했다. 그러면서도 혹시 그 친구가 상처를 받지 않았는지 신경을 썼고 다음날 그 친구를 위해 게임 CD를 들고 갔다.

상웅이는 그렇게 자립을 생활 속에서 실천해 나갔다. 게다가 자기가 자신 있는 분야에 대해 되도록 많은 정보를 습득해서 자기 혼자 가지고 있는 것은 원치 않았다. 가능한 한 친구들과 나누고 알려주려는 마음이 컸다. 스스로 하지 못하는 친구들에게, 또한 그렇게 하지 않으려는 아이들에게. 아마 자신이 자립을 통해 얻은 효과를 함께 나누고 싶은 마음이 컸으리라 생각한다. 상웅이는 이미 자립을 통한 자유와 무게감을 동시에 느꼈을 테니까.

앞서 말했듯 만 12세 이전에 인생 기초공사를 마무리해야 한다. 독립의 법칙은 모든 기초공사의 땅을 다지는 기초 단계에 해당될 것이다. 한 번 좋은 습관이 잡히면 평생 편안하게 인생을 인도하듯 자녀의 자립은 자녀 스스로에게 좋은 기초공사가 되리라 생각한다.

상웅이네 조언 5

- 자녀가 초등학교 3~4학년쯤 되면 독립적인 인격체로 대우한다.
- 어린아이라 하더라도 대인관계는 스스로 해결하게 한다.

06

아이가 흥미있는 분야에 기대치를 심어 주어라

알고 지내는 친구가 있는데, 한번은 그 친구가 아이를 데리고 안과에 갔다. 아이가 눈병을 심하게 앓고 나서 몇 달이 지나 눈이 간지럽다고 해서 지나가는 길에 들러본 것이다. 얼마 전에 학교에서 실시한 시력 검사에서 결과가 미심쩍기도 했다. 일단 안과에 가니 기본적으로 시력 테스트부터 시작했다. 그런데 결과는 학교에서 실시한 시력검사와 비슷하게 나왔다. 사실 좀 충격이었다. 불과 6개월 전까지만 해도 1.5였던 시력이 0.4까지 떨어지다니 그동안 아이의 시야가 얼마나 흐려졌을까 불쌍한 생각도 들고 여러 생각이 교차했던 것이다.

의사 선생님은 이것저것 검사를 해 보더니 안경을 쓰는 게 좋겠다는 결론을 내려 주셨다. 친구는 수긍을 하면서도 궁금했다.

"선생님, 얘가 왜 이렇게 시력이 나빠졌을까요?"

"글쎄요.…… 뭐, 원인은 여러 가지가 있겠지만 초등 4학년이면 컴퓨터도 많이 보고 여러 매체와 접하게 되면서 나빠질 수 있죠."

"그렇군요. 애는 저한테 그런 얘기를 안 했거든요."

"그래요? 이 정도로 나빠졌으면 컴퓨터의 작은 글씨는 잘 안 보였을 텐데요."

"지나가는 말로 묻긴 했어요. 공부할 때 불편한 건 없냐고 했을 땐 괜찮다고 했거든요. 아, 칠판 글씨는 잘 보이냐고 물었던 적 있었는데 그건 잘 보인다고 했어요."

"어머니, 애들은 구체적으로 물어봐 줘야 돼요. 맨 뒷자리에서 칠판을 봤을 때 글씨가 잘 보이냐? 컴퓨터에 나오는 작은 글씨까지 선명하게 보이냐? 뭐 이런 식으로 물어봐야지 그렇지 않으면 부모가 원하는 답을 하게 되어 있어요. 애들도 부모의 기대를 잘 알거든요."

그 말을 들은 친구는 떨어진 아이의 시력보다 애들은 부모의 기대에 부응하는 답을 하려고 한다는 말이 가슴에 와닿았다는 이야기를 했다.

기대치의 법칙은 좋은 방향으로의 기대치를 의미한다. 얼토당토않는 기대를 자녀에게 걸라는 말이 절대로 아님을 강조한다. 여기서 말하는 기대치란 자녀에게 더 넓고 더 깊은 안목을 갖도록 제시해 주는 것을 의미한다.

자녀들은 부모보다는 인생을 덜 살았기 때문에 안목이 넓을 수 없다. 마치 경주마처럼 앞만 보고 달려갈 수도 있다. 이때 부모가 옆에서 나무도 보고 숲도 보고 바다도 볼 수 있다는 기대치를 부여해 주면 아이는 사방을 보며 달릴 수 있다.

상웅이가 게임에 빠져 있을 때 우리 부부는 그것을 막는 대신 좋은 기대치를 찾아 제시했다. 게임을 하는 것으로 그치지 말고 온전히 자신의 것으로 만들어 게임의 지존, 게임의 달인이 되어 보는 것이었다. 기대치는 전혀 꿈도 꿀 수 없는 것을 제시해서 좌절시킬 필요가 전혀 없다. 그렇다고 너무 낮은 기대치를 주어 노력할 가치조차 없게 만들어서도 안 된다. 기대치는 꿈 꿀 수 있는 높이와 노력할 수 있는 깊이, 흥미롭게 해낼 수 있는 넓이의 것이면 좋다. 또한 모든 것을 아우를 장기적인 안목이 반드시 필요하다.

자녀가 성장하는 데 있어 흥미를 갖는 분야는 모두가 다르다. 학문적인 것이 될 수도 있고 엔터테인먼트적인 것이 될 수도 있지만 어떤 분야에서는 장기적인 안목을 갖추어야 한다. 상웅이만 하더라도 게임에 목숨 걸고 있던 당시, 우리 부부는 21세기 컴퓨터 정보화 시대 속에서 게임이 차지할 수 있는 시장과 역할에 관심을 두었다. 앞으로 충분히 발전 가능성이 있는 게임 시장에 대해 우리가 생각하는 것을 말하며 더 큰 꿈을 꾸도록 했다.

"상웅아, 넌 할 수 있을 거야. 네가 만드는 게임 세상을 상상해 봐. 네가 만든 게임을 전 세계인들이 하고 있는 모습을 상상해 봐. 가슴이 뛰지 않니?"

상웅이는 게임 지존, 게임 설계자가 되어 세상을 깜짝 놀라게 할 게임을 만들어 내겠다는 기대치를 안고 게임에 전념했다. 기대치를 제시할 때는 반드시 격려가 필요하다.

상웅이에게 제시했던 또 하나의 기대치는 인성적인 면이었다. 우리 가족이 모두 하나님을 믿는 신앙인이었던 터라 신앙의 본질을 실천하고자 하는 마음이 컸다. 신앙의 본질이라는 게 무엇인가, 절대자와의 관계를 거룩하게 유지하되 이웃간의 관계에 있어 사랑과 봉사를 실천하는 삶 아니던가. 또한 불완전한 인간이므로 모순투성이라는 것을 인정하고 더 나은 존재로 나아가고자 노력해야 한다는 것을 아는 것이 신앙의 힘일 것이다. 그래서 교만할 수 없고 끊임없이 자기성찰을 하도록 이끈다.

상웅이 역시 엄마 뱃속에 있을 때부터 신앙을 받아들였던 터라 모태 신앙인으로서 믿음을 저버린 적이 없었다. 하지만 자기만의 믿음으로는 부족했다.

"상웅아, 엄마 아빠는 네가 이웃에게 베풀어 주는 진정한 신앙인이 되었으면 좋겠어. 사람은 남에게 베풀어 줄 때가 가장 행복해요. 네가 행복할 수 있으려면 남에게 도움이 되는 사람이 되어야 해. 그런데 도움을 주고 싶은데 아무것도 줄 수 없다면 어떡하지? 그러니 먼저 뭘 줄 수 있는 사람이 되어야겠지. 물론 아이스크림이나 빵 한 쪽을 나누어 주는 것도 좋지만 그건 금세 바닥이 나요. 대신 지식과 지혜는 끝없이 줄 수 있어. 그래서 사람들이 배우고 익히는 거야. 상웅이는 분명히 그런 사람이 될 수 있을 거야."

남에게 베푸는 사명감, 그것은 우리가 상웅이의 성장 내내 인성적인 면에서 걸었던 기대치였다. 상웅이는 기대치라는 것에 거부반응 없이 받아 들였고 무엇인가 기여하고 베풀어 줄 수 있는 사람이 되기 위해 노력을 했다. 이젠 대학생활을 하면서 스스로를 향한 기대치를 높여가기 시작했다.

"제가 어렸을 때부터 1만 명을 책임질 수 있는 사람이 되겠다고 했잖아요. 그 말처럼 저는 제 삶을 통해서 많은 사람들에게 도움을 끼칠 수 있는 영향력 있는 사람이 되고 싶어요. 빌 게이츠처럼 돈을 많이 벌어서 베풀어도 좋겠고 좋은 지식과 정보를 나누며 조금이라도 도움이 되는 사람이 되고도 싶어요. 어떤 쪽이 될지는 몰라도 어쨌든 10년 뒤 20년 뒤를 바라보면서 기대치를 높여 가야 하는 건 분명해요."

상웅이네 조언 6

- 자녀의 흥미와 관심이 있는 분야에서 꿈 디자인을 함께 시작한다.
- 좋아하는 분야에서 가장 영향력을 미칠 수 있도록 기대치를 심어 준다.
- 부모의 사심이 기대치로 작용해서는 안 된다.

07
어릴 때부터
경제관념을 심어 주어라

상웅이는 어렸을 때부터 돈 이야기를 많이 듣고 자란 편이다. 그렇다고 우리가 돈을 밝히는 부모는 전혀 아니다. 다만 상웅이에게 경제에 관한 이야기를 자주 하다 보니 자연스럽게 돈 이야기를 하게 되었다. 사실 지금은 많이 바뀌어 가고 있지만 얼마 전까지만 해도 자녀들이 경제관념이 전무했다. 왜냐하면 부모들이 가르쳐 주지 않았기 때문이다.

지금의 부모 세대가 성장할 때는 지금보다 더 했을 것이다. 어릴 때부터 돈을 밝히는 것이 아니라며 혼나기도 하고 애들은 그런 거 몰라도 된다며 무시당하기도 했다. 그래서 세뱃돈이나 주위 어른들로부터 돈을 받으면 "잃어버리지 않도록 잘 맡아 줄게."라는 부모님의 사탕발림에 홀랑 넘어가 써보지도 못한 채 없어져 버린 경험을 해 봤을 것이다. 억울

한 마음에 원금을 회수하려고 하면 어린 녀석이 돈을 밝히느냐며 꿀밤이나 얻어맞고 그것으로 사건은 종결되었다. 이렇게 경제관념에 대해 제대로 교육받을 기회가 없었다.

『부자 아빠 가난한 아빠』가 공전의 히트를 치면서 사실상 자녀 교육에 있어 경제 바람이 불기 시작했다. 그리고 용돈 기입장이다 자녀 펀드다 경제 바람이 불었다지만 무엇보다 자녀의 경제적 관념을 키우기 위해서는 부모의 의지가 우선되어야 한다.

우리 가족의 경우 상웅이가 어릴 때부터 경제적인 흐름에 대해 솔직하게 말해 주었다. 다른 가정에 비해 일찌감치 아이를 어른들의 대화에 끼워 주었기에 상웅이는 다양한 분야에 대한 이야기를 주워들었다. 우리는 세계의 경제가 어떻게 움직이고 있는지, 그 안에서 한국은 어느 정도로 경제적 성장을 하고 있는지 알고 있는 내용 안에서 말해 주었다. 그러면서 경제의 힘이 나라의 힘과 상관관계가 얼마나 큰지 알려 주었다. 그때마다 상웅이는 알아듣는지 아닌지 고개만 끄덕거렸다. 그러다가 며칠이 지나 방문을 열어 보면 상웅이의 책상 위에는 아동용 경제도서부터 어른들이 읽는 경제 관련 책까지 놓여 있었다.

그러다 보니 자신의 의견을 말할 때도 경제적인 감각을 발휘할 때가 많았다. 한번은 초등학생이던 상웅이가 일주일에 한 번씩 보내주는 PC방에 대해서 의견을 피력한 적이 있다. 그 당시 집에서 온라인 게임을 하면 속도도 느리고 원활하지 못하여 짜증을 내기에 일주일에 한 번씩 공식적으로 PC방에 보내 주었는데, 그때는 엎드려 절을 할 정도로 고마워

하더니 슬슬 횟수를 늘리고 싶었나 보다. 결국 우리를 설득하기에 이른 것이다.

"엄마 아빠, 왜 일요일에만 PC방에 보내 주시는 거예요? 평일에도 가면 안 될까요?"

"일주일에 한 번만 가기로 약속을 했던 것 같은데……"

"그렇긴 해요. 하지만 요즘 '바람의 나라'에 한창 재미를 붙였는데 집에서는 못 한단 말이에요. 빨리 지존이 되고 싶은데 일주일에 한 번 하다가는 랩99까지 오르지 못해요. 사실 PC방에 가면 비용도 절감이 된다고요."

"그래? 어째서?"

"PC방 비용이 일단 싸요. 그리고 정보이용료 등 부가세가 안 나오니 절감되고 접속도 잘 끊기지 않으니까 게임하다가 신경질 나는 일도 줄잖아요. 집에서 게임할 때 사용되는 비용과 비슷할 것이고 훨씬 기분 좋게 게임을 할 수 있으니까요."

물론 상웅이의 말에 100% 수긍할 수 있는 건 아니지만 초등학생이 경제적인 감각을 갖추고 사람을 설득시킬 수 있다는 것은 꽤 의외였다. 어찌되었건 그때 우리는 PC방 횟수를 늘려 주지 않고 집에 ADSL 전용선을 설치하고 집에서 자유롭게 즐길 수 있는 환경을 마련해 주며 설전을 마무리 지을 수 있었다.

상웅이를 위해 우리가 본격적으로 경제 관념 프로모션을 했던 것은 게임에 관련된 것이었다. 초등학교 6학년 때 상웅이가 참석하기로 한 게임 컨벤션을 앞두고 있었다.

"상웅아, 게임 지존이 되기 위해 도전할 수 있는 게 있을 것도 같은데……."

"그게 뭔데요?"

"네가 동아리 형들과 함께 번역한 룰북 있잖아. 그걸 판매해 보는 건 어떨까?"

"네에? 책을 판매한다고요? 한 번도 해본 적 없는데……."

"지존이라면 누구도 해보지 않았던 일을 시도하기도 하는 거야. 룰북을 판매하는 것은 네가 해놓은 일에 대한 평가이기도 하고 또 경제적인 독립도 경험해 볼 수 있을 것 같은데……. 우리가 매일 독립적인 사람이 되라고 말했잖아. 그런데 정신적으로 독립하는 것도 중요하지만 네 나이 정도 되면 경제에 대해서도 관심을 갖고 경제적인 독립이 뭔지 체험해 보는 것도 중요할 것 같아. 이번에 딱 좋을 것 같은데……."

뜻밖의 제안에 아이는 잠시 주춤하더니 이내 용기를 냈다. 정확히 말해서는 동호회 회지에 룰북 번역 콘텐츠를 넣어 판매하기로 했다. 우선 상웅이는 회지 만드는 일도 거들고 인쇄소에 의뢰하여 몇 백 부를 제작하여 전시장에서 판매하는 것까지 참여할 수 있었다. 그 뒤 소비자와의 상담과 판매, 영업에 이르기까지 모든 것이 상웅이의 첫경험이었다.

우리는 전시장 멀리서 초등학교 6학년 상웅이의 판매 영업을 지켜볼 수 있었다. 말수가 많지 않은 상웅이였건만 게임 회원들을 대상으로 번역서에 대해 상담을 해 주고 게임에 대해 의견을 나누는 모습이 꽤나

듬직해 보였다. 자신보다 한 뼘이나 더 큰 형님 누나들을 위로 올려다보며 열심히 책을 판매하는 모습에 감동도 되었다. 처음에는 땀깨나 흘리던 상웅이도 이내 새로운 경험을 즐기는 모습이었다.

행사를 마치고 집에 돌아왔을 때 상웅이는 그날 판매에 대한 보고를 멋지게 해 냈다. 물론 동아리 살림에 관한 것이었지만 가장 나이 어린 상웅이도 그 일에 참여했고 스스로 회계 보고를 할 수 있다는 사실이 기특했다.

"이번에 동호회 회지 제작에 들어간 비용을 보면 인쇄 제본비용과 운반비용, 식사비 등이 포함됐어요. 그리고 실제 판매된 권수는 1,000권 중 300권이라서 제작 권수에 사실 못 미쳤어요. 2,000원씩 받았고 인쇄비가 권당 300원 정도 되었으니, 뭐 그래도 전체 판매된 비용에서 인쇄비용과 다른 지출비를 빼면 아주 조금은 이익이 났네요. 휴! 그래도 완전히 밑지는 장사는 아니었던 것 같아요."

우리 가족은 그날 참 행복했었다. 상웅이는 스스로 판매와 영업 제작의 경험을 통해 경제적 관념을 확실히 알게 되었고 우리는 그것을 도울 수 있었다는 점에서 뿌듯했다.

그 뒤 상웅이는 중학교 시절부터 꽤 두둑한 주머니 생활을 할 수 있었다. 부모가 용돈을 준 것이 아니라 마음먹고 공부를 시작하더니 '시 우수학생 장학금'을 탄 것이다. 그로 인해 최초로 두둑한 용돈이 생긴 셈이다. 우리는 오랜만에 스테이크를 자르며 축하해 주었다. 그리고 그 돈을 어떻게 하면 좋을지 물었다. 상웅이는 과외의 용돈이니 흐지부지

쓰고 싶어 하지 않았다.

"그래, 정말 축하한다. 그럼 이 돈은 네 통장을 만들어 넣을 테니 그 돈을 불리고 불려서 네 꿈을 실현하는 데 쓰도록 해."

그 통장 속에는 과학고에 가서도 받은 '삼성 주니어 프런티어 장학금'이 다시 들어가 쌓였고, 서울대에 진학해서는 전액 장학금과 더불어 지금은 폐지된 학업비 지원금이 들어가 있다.

"상웅아, 이 통장에 돈을 불려서 1,000억쯤 만들어 장학재단을 만들면 참 좋을 것 같다. 후학들이 학비 걱정하지 않도록 말야."

"그렇게 해 봐야죠. 어차피 지식과 지혜를 나눠 주는 것도 좋지만 경제적인 보탬이 되는 것도 실질적으로 도움을 주는 거잖아요."

상웅이네 조언 7

- 가정의 경제 흐름에 대해 자세히 설명을 해 줄 필요가 있다.
- 자녀가 스스로 경제 활동을 할 수 있는 환경을 만들어 준다.
- 일찍부터 자신의 용돈을 관리할 수 있도록 해 준다.

에필로그

부모가 물려주어야 할 세 가지 유산

 '세상은 불완전하다. 그래서 세상을 완전하게 만드는 데 기여해야 한다.'

 유태인들이 가지고 있는 인생관이며 자녀들에게 물려주고 싶어 하는 철학이기도 하다. 그들이 강조하는 '세상을 향한 기여'는 곧 자기 혼자 잘 먹고 잘살려는 태도가 아닌 자신을 포함한 우리 전체를 바라보는 식견과 태도이다. 그들이 자녀들에게 남겨주고 싶어 하는 삶에 대한 태도는 우리로 하여금 숙연하게 만든다. 이 책에서 유태인들의 자녀 교육이나 인생관 이야기가 자주 등장한 것도 그들의 가치관을 높이 평가하며 닮아가고 싶은 마음 때문이기도 하다.

 20여 년 넘게 자녀를 키워 오면서 우리 부부 역시 자녀에게 어떤 것을 물려줄 것인가 고민을 하게 된다. 부모 자녀 관계로 유지되는 순간까지 뭔가 전해 줄 수 있는 부모가 되어야 하지 않을까 생각하게 된다. 아마 부모라면 누구나 가지고 있을 책임감, 나아가 사명감일지도 모른다. 우리는 지금도 자녀에게 물려주어야 할 유산에 대해 고민한다. 어떠한 유산을 물려주었을 때 자녀가 세상을 이롭게 하는 삶을 살 수 있을 것인가에 대해서……

오랜 고민 끝에 우리는 세 가지 감각 유산으로 정리해 볼 수 있었다. 첫째는 언어 감각이요, 둘째는 경제 감각, 셋째는 지혜 감각이다. 아마 앞에서 한 번쯤은 이야기했을 것이다. 그만큼 자녀가 인격을 완성해 나가는 데 필요한 요소이기 때문이다.

언어 감각은 말과 글로 사물을 표현하고 이해하려는 감각이다. 사람의 언어는 상상력과 사고력에 결정적 영향을 미친다. 과거에 비해 앞으로는 말하기 시대라고도 한다. 물론 쓰기가 병행된 말하기이지만 영어도 말하기가 되지 않으면 곤란한 시대가 되었다. 그만큼 전 세계적으로 의사소통이 너무 중요하기 때문이다. 이러한 시대에 언어 감각이 키워지지 않으면 불편을 겪게 된다.

언어 감각을 극대화시킬 수 있는 것은 무엇보다 대화와 책 읽기이다. 누누이 강조했던 것처럼 어린 시절부터 아이로 하여금 다양한 어휘에 노출이 되도록 해 주고 엄마 아빠의 목소리를 들려줌으로써 어휘지수를 높여 주는 게 좋다. 상웅이가 또래 아이들에 비해 월등한 어휘력을 갖추게 된 것 역시 책의 힘이 컸다. 또한 질문의 법칙을 통해 생각할 수 있는 구체적이고 본질적인 질문을 하고 대답을 들어주면 언어 감각이 어느 순간 빛을 발하게 된다.

　말을 잘한다는 것은 아나운서처럼 정확한 발음과 끊어 읽기 같은 기술적인 것을 잘한다는 뜻이 아니다. 자신의 의견을 얼마나 조리 있게 밝힐 수 있는지, 자신의 말을 통해 상대방을 어느 정도로 설득시킬 수 있느냐가 관건이다.

　둘째로 강조하고 싶은 것은 경제 감각이다. 인터넷에 떠도는 유머 중에 5대 미친(?) 분 시리즈를 잠시 소개한다.

　1. 자식에게 재산 다 물려주고 용돈 받아 쓰는 분

　2. 손자 봐 주고 허리 아프다고 징징대는 분

　3. 사위에게 자금 대 주는 분

　4. 나이 들면서 집 넓혀가는 분

　5. 위의 것을 다 알면서도 똑같이 하시는 분

　이 중에서도 1번에 해당하는 것은 얼마만큼 물질적인 상속이 불필요한 것인지 나타내 주는 대목일 것이다. 물론 우리 부부는 물려줄 재산도 없지만 재산을 물려준다는 것에는 반대한다. 하지만 경제적인 감각은 꼭 길러 주어야 한다. 그래서 둘째로 챙겨야 할 감각 유산으로 정한 것이다.

　자녀가 일생 동안 경제 문제로 어려움이나 갈등을 겪게 하지 않으려면 경제적 감각이 정말 중요하다. 유태인은 자녀들에게 경제관념에 대한 교육을 빼놓지 않는다. 내 것, 네 것, 우리것 등 소유권에 대해 분명히 알려주고 저축하는 습관을 길러 주는 등 경제적인 면의 교육을 놓치지 않는다.

　이렇듯 집에서부터 경제 교육이 이루어져야 한다. 경제적 독립의 중요성을 일깨워 주고 신문과 책 등을 통해 대화를 나누며 경제적인 흐름에 대해 이해시켜 줄 필요가 있다. 비즈니스라는 것을 어떻게 생각하는지, 돈을 많이 모은다면 어떤 일을 하고 싶은지 등 돈을 둘러싼 다양한 관점의 이야기를 나누며 올바른 경제 감각을 키워나갈 수 있으리라 생각한다.

　마지막으로 부모가 자녀를 위해 챙겨 줘야 할 감각은 지혜 감각이다. 어느 시골 마을에 아버지와 아들이 살고 있었다. 아들이 훌쩍 커서 공부를 하러 떠나게 되었는데, 갑자기 병을 얻은 아버지가 유서 한 장만 남긴 채 눈을 감았다.

　"내 모든 재산을 노예에게 물려준다. 내 아들은 재산 가운데 딱 한 가지만 선택하여 가질 수 있다."

　노예는 완전히 의기양양해서 본색을 드러냈다. 마치 이전부터 주인이었던 것처럼 아들을 내려다보며 말했다.

　"도련님, 보시다시피 이제 이 집의 재산은 모두 제 것입니다. 대신 이 중에서 하나만 고르시지요."

　이 황당한 상황에 놀란 아들은 그 마을의 현명한 랍비를 찾아갔다. 그러자 그 랍비는 유서를 보더니 껄껄 웃으며 이런 답을 내어 주었다.

　"당신의 아버지는 정말 지혜가 넘치는 분이구려. 결론만 말하면 아버지의 재산은 모두 당신의 것이오. 당신의 아버지는 아들을 위해 이런 유서를 써 놓은 것이라오. 노예가 무척 탐심이 많다는 것을 알고 있던 당신의 아버지는 미리 재산을 빼앗아가지 못하도록 재산을 노예에게 주었소. 하지만 이 시대의 법으론 노예는 결국 주인의 재산이 된다오. 당신은 아버지 재산 중에서 하나, 즉 노예만 차지하면 재산은 고스란히 당신의 것이 되지. 당신의 아버지는 노예의 성격까지 꿰뚫어 보는 통찰력과 법과 사랑까지 고스란히 남겨 주었구려."

이 이야기는 탈무드 지혜편에 나오는 이야기로, 아버지가 남겨 준 지혜라는 유산의 소중함을 알게 해 준다.

지식과 지혜는 언뜻 비슷해 보이지만 다르다. 지혜 속에 지식이 들어갈 뿐 지식이 지혜는 아니다. 지식이 '무엇'에 관해 배우는 것이라면 지혜는 '어떻게' 대처할지 방법을 배우는 것이다. 지식은 쉽게 잊어버릴 수 있지만 지혜는 좀처럼 잊히지 않는다. 두뇌와 마음속에 스며들어 있기 때문이다. 한마디로 지혜는 판단력이다. 우리는 흔히 "머리를 써라."는 말을 내뱉곤 한다. 그 말은 곧 지혜를 짜내어 보라는 의미이다.

"행복해지고 싶으면 지혜를 많이 담아 주는 게 좋아. 지혜는 세상의 이치를 깨닫는 거야. 한 세대 이상을 거쳐 많은 사람을 통해 증명된 이치를 지혜라고 하지. 그런데 지혜는 지식이 없으면 잘 보이지 않아. 지식 위에 지혜가 숨 쉬며 살지. 그런데 지식만 많이 쌓은 사람은 걱정이 많아서 마음이 편한 날이 없지만 지혜가 충만한 사람은 늘 평안하고 행복감을 느끼지."

"지혜는 판단력과도 같아. 사람은 나설 때와 물러설 때를 잘 판단해야 해. 그러니 늘 어떻게 할 것인지 방법을 생각해 보는 습관을 갖는 게 좋지."

우리 부부는 상웅이에게 이런 이야기를 참 자주 들려주었다. 지혜가 하늘에서 뚝 떨어지는 것이 아닌 경험이나 지식, 사람과의 관계를 통해 조금씩 축적되는 것임을 알기에 자꾸만 프로모션해 줄 필요가 있었다. 또한 지혜 역시 책을 통해서도 얻어질 수 있다. 그래서 책을 읽는 것이 곧 언어 감각을 키우는 동시에 지혜를 배워가는 길잡이가 될 수 있다.

세계의 경제를 움직이는 워런 버핏의 막내 아들인 피터 버핏은 현재 작곡가 겸 프로듀서로 인생을 살아가고 있다. 그는 세계적 거부인 아버지로부터 '자립심'이란 유산을 미리 받았다고 고백할 정도로 아버지 워런 버핏은 검소한 생활의 모범을 보여 주면서 자녀에게 "열정을 발휘하고 싶은 분야를 찾아내서 최대한의 노력을 기울여 꿈을 좇아 살라."며 프로모션 했다. 그 덕분에 피터는 자신에게 주어진 유산마저 포기한 뒤 자신이 열정을 발휘하고 싶은 분야였던 음악 프로듀서의 길을 선택했고 두각을 나타내며 살고 있는 중이다.

"만일 내 꿈이 쓰레기 줍는 것이라고 결심했다면 부모님은 내가 온종일 쓰레기 트럭 뒤에 매달려 있어도 전혀 괘념치 않았을 것이다. 내가 소명을 따라 일하면서 행복하기만 하다면 부모님에게는 그것으로 충분했을 것이다."

저서『워런 버핏의 위대한 유산』을 통해 이러한 멋진 고백할 수 있는 피터 버핏의 삶 속에서 오늘날 부모가 자녀에게 남겨 줄 진정한 유산이 무엇인지 생각해 봄직하다.

　언어 감각, 경제 감각, 지혜 감각 유산이란 돈과 권력 명예와 같은 외부적 가치와는 좀 다르다. 하지만 어떻게 살아갈 것인가가 관건인 이 시대에 필요한 삶의 노하우를 제공해 줄 수 있지 않을까 생각한다. 피터 버핏의 가슴을 움직인 가치처럼…….

　상웅이는 이제 성인으로서 자신의 꿈을 스스로 개척해 나가는 중이다. 그 가슴 속에서 우리가 그토록 전해 주려 했던 감각 유산들이 섞이고 탄생되고 재결합하여 기막힌 창조의 현상이 일어나길 바랄 뿐이다. 또한 이 책을 통해 더 많은 상웅이, 아니 상웅이보다 훨씬 괜찮은 자녀들에게 탁월한 유산들이 남겨지길 기도한다.

　그래서 오늘도 부모들은 '자녀들과 함께 놀고, 함께 생각하며, 함께 뒹구는' 응원을 멈추지 말아야 한다.

게임 중독에 빠진 아이를 과학고 수석으로 키운 맞벌이 부부의 양육 비결
과학고 수석 상웅이네 교육법

초판 1쇄 인쇄 2010년 12월 30일
초판 1쇄 발행 2011년 1월 10일

지은이 윤세훈 · 강현주
펴낸이 김선식

PD 류선미
DD 김태수
팝콘북스 박은정, 류선미, 송은경
마케팅본부 모계영, 신현숙, 김하늘, 박고운, 권두리
광고팀 한보라, 박혜원
온라인 마케팅팀 하미연
저작권팀 이정순, 김미영
디자인연구소 최부돈, 황정민, 조혜상, 김태수
경영지원팀 김성자, 김미현, 김유미, 유진희, 정연주
미주사업팀 우재오
외부스태프 디자인 손지영, 유민경

펴낸곳 (주)다산북스
주소 서울시 마포구 서교동 395-27
전화 02-702-1724(기획편집) 02-703-1725(마케팅) 02-704-1724(경영지원)
팩스 02-703-2219
이메일 dasanbooks@hanmail.net
홈페이지 www.dasanbooks.com
출판등록 2005년 12월 23일 제313-2005-00277호

필름 출력 스크린그래픽센타
종이 월드페이퍼(주)
인쇄 · 제본 (주)현문

ISBN 978-89-6370-474-6 13590

· 책값은 표지 뒤쪽에 있습니다.
· 파본은 본사와 구입하신 서점에서 교환해 드립니다.
· 이 책은 저작권법에 의하여 보호를 받는 저작물이므로 무단 전재와 복제를 금합니다.